2 STUNDEN

VORKOCHEN FÜR DIE GANZE WOCHE

CAROLINE PESSIN

2 STUNDEN

VORKOCHEN FÜR DIE GANZE WOCHE

STRESSFREI GENIEẞEN VON MONTAG BIS FREITAG

16 GENIALE MEAL-PREP-MENÜS
FÜR DIE GANZE FAMILIE

EMF

EIN BUCH DER
EDITION MICHAEL FISCHER

Vorwort

Wenn Sie wie ich hausgemachtes Essen schätzen, wenn Sie industriell gefertigte Speisen ablehnen, wenn Ihr Arbeitstag aber so vollgepackt ist, dass Sie abends weder Zeit noch Energie zum Kochen haben;

wenn Sie wie ich versuchen, Ihrer Familie gesunde und ausgewogene Mahlzeiten anzubieten, die sowohl Erwachsenen als auch Kindern schmecken;

wenn Sie wie ich der Ansicht sind, dass es ein großes Loch ins häusliche Budget reißt, sich fertiges Essen liefern zu lassen;

wenn Sie die tägliche Frage Ihrer Familie „Was essen wir heute Abend?" allmählich nervt …

Dann werden Sie sich über eine Methode freuen, die manchmal „batch cooking" genannt wird und die darin besteht, die Mahlzeiten für eine ganze Woche vorzukochen!

Seit ich diese Methode entdeckt habe, spare ich Geld, esse ausgewogen und richtig lecker und kann das Abendessen ohne Stress zubereiten.

Am Wochenende nehme ich mir zwei Stunden Zeit, um Gemüse zu putzen und zu schneiden, Marinaden zuzubereiten und einige Gerichte zu kochen. An den Abenden der folgenden Woche muss ich meine vorbereiteten Gerichte dann nur noch aufwärmen, fertigstellen oder „à la minute" garen. In etwa 15 Minuten ist das Essen fertig.

Und das können unsere Freunde bestätigen. Wer diese Methode ausprobiert, bleibt dabei!

Einleitung

Was für ein Glück, von der Arbeit zu kommen und sich keine Sorgen um das Abendessen machen zu müssen! Wenig Zeit in der Küche zu verbringen, nur ein Minimum an Geschirr zu spülen und dabei gut und ausgewogen zu essen.

Denn jeder kennt wohl den Stress um das Abendessen. „Was kann ich kochen?“ „Habe ich alles, was ich brauche, im Kühlschrank?“ „Wie schaffe ich das alles: kochen, mich um die Kinder kümmern, die Hausaufgaben, das Schlafengehen …?“

Dann wählt man oft die einfachsten Lösungen: Man serviert Nudeln mit Butter oder einer industriell fabrizierten Soße, schiebt ein Fertiggericht in die Mikrowelle oder bestellt beim Lieferservice eine Pizza oder eine Portion Sushi … Nicht unbedingt gesund und ziemlich teuer!

Man kann sich das Leben aber auch wesentlich einfacher machen, indem man sich anders organisiert.

Das Prinzip ist einfach: Am Wochenende nimmt man sich ungefähr zwei Stunden Zeit, um für jeden Abend der folgenden Woche vorzukochen.

Wir haben für Sie 16 abwechslungsreiche und ausgewogene Menüs für jeweils fünf Tage konzipiert, und zwar nach Jahreszeiten geordnet. Die Pläne sind für eine Familie mit vier Personen gedacht, wobei die Mengen für zwei Erwachsene und zwei Jugendliche ausreichen. Wenn Sie kleinere Kinder haben oder nur zu dritt sind, können Sie das, was übrig bleibt, am nächsten Tag für die Mittagspause mitnehmen.

Jedes Wochenmenü umfasst sieben Rezepte: fünf Hauptgerichte und zwei Vorspeisen, wenn das Hauptgericht eher leicht ist. Wir haben uns entschieden, auf Rezepte für Desserts zu verzichten, da die meisten von uns das Abendessen einfach mit einem Stück Obst, einer Portion Kompott oder einem Becher Joghurt beschließen und Süßes in der Regel erst am Wochenende genießen.

Mit dieser Methode müssen Sie sich von Montag bis Freitag keine Gedanken um Ihr Abendessen machen und auch keine Einkäufe in letzter Minute tätigen. Und Sie werden maximal 15 Minuten in der Küche verbringen – versprochen!

Dazu führen Sie die folgenden Schritte aus:

1 Wählen Sie ein saisonales Wochenmenü, das Sie anspricht.

2 Erledigen Sie Ihre Einkäufe wie gewohnt am Wochenende (freitagabends oder samstags). Die Zutaten für die Menüs sind ganz alltäglich und leicht im Supermarkt zu finden. Manchmal ist es nötig, ein paar Zutaten auf dem Markt zu kaufen.

3 Wählen Sie einen Samstag oder Sonntag, an dem Sie über zwei Stunden freie Zeit verfügen. Der Sonntag ist günstiger, da Sie so einen Tag gewinnen, an dem Sie frisch Zubereitetes essen können und bestimmte Gerichte nicht einfrieren müssen.

4 Stellen Sie alle notwendigen Zutaten auf die Arbeitsplatte oder den Küchentisch. So sparen Sie Zeit, da Sie Ihre Arbeit nicht unterbrechen müssen, um Zutaten aus dem Vorrats- oder Kühlschrank zu holen.

5 Holen Sie die erforderlichen Utensilien aus dem Schrank – so haben Sie alles griffbereit.

6 Halten Sie sich bei der Reihenfolge der Arbeitsschritte an das Rezept – es kalkuliert für jeden Schritt genau die notwendige Zeit mit ein.

7 Bewahren Sie die zubereiteten Gerichte und die Einzelzutaten wie angegeben auf. Im Allgemeinen werden die Gerichte für den Zeitraum Montag bis Mittwoch im Kühlschrank aufbewahrt, die für Donnerstag und Freitag (mit wenigen Ausnahmen) eingefroren. Falls Sie ein Gericht an einem anderen Tag essen wollen, beachten Sie die Angaben zur Haltbarkeit.

So vorbereitet müssen Sie eine Woche lang am Abend nur den Anleitungen für die letzten Handgriffe zur Fertigstellung folgen. In etwa 15 Minuten steht das Essen auf dem Tisch! An manchen Abenden wärmen Sie einfach ein Gericht auf, an anderen müssen Zutaten nur noch in wenigen Minuten gegart, miteinander kombiniert oder gemischt werden.

Was sind die Vorteile dieser Methode?

Zuerst natürlich verläuft der Abend unbestreitbar entspannter. Kein Kopfzerbrechen über das Abendessen mehr, keine Notwendigkeit, in letzter Minute noch in den Supermarkt zu rennen.

Außerdem sparen Sie wirklich Zeit: nicht nur beim Kochen, sondern auch beim Abwasch und beim Aufräumen der Küche. Genießen Sie diese Extra-Zeit und nutzen Sie diese, um sich Ihren Kindern zu widmen oder sich auszuruhen!

Sie essen abwechslungsreich und ausgewogen und genießen den guten Geschmack des Hausgemachten, ganz ohne künstliche Zusatzstoffe.

Und schließlich können Sie bares Geld sparen: Weniger Essen vom Lieferdienst und weniger Verschwendung von Lebensmitteln. Denn die Menüs sind so gestaltet, dass alle gekauften Zutaten bis zum Ende der Woche komplett verbraucht werden. Es ist eine Küche, bei der nichts vergeudet wird!

Was sind die Nachteile dieser Methode?

Zwei Stunden lang zu kochen ist etwas anstrengend. Sie könnten den Eindruck haben, einen Teil Ihres Wochenendes zu verschwenden, das Ihnen sowieso schon recht kurz vorkommt. Aber Sie werden sehen, dass sich die Mühe wirklich lohnt, weil Sie es danach eine ganze Woche lang bequemer haben. Außerdem haben wir alles getan, Ihnen das Kochen zu erleichtern: Die Zubereitung wird Schritt für Schritt erklärt, und die Fotos zeigen Ihnen, wie das Ergebnis auszusehen hat.

Welche Küchenausstattung brauche ich zum Kochen nach dieser Methode?

Die Menüs können auf einem gängigen Küchenherd zubereitet werden, der im Allgemeinen über ein Kochfeld mit mindestens drei Herdplatten oder Gasflammen und einen Backofen mit zwei Backblechen verfügt. Die für manche Gerichte angegebenen „kleinen" Backbleche entsprechen flachen, viereckigen Auflauf- oder Gratinformen, am besten aus Metall. Während des Kochens laufen alle Garvorgänge gleichzeitig ab, sodass Sie auch noch Zeit und Energie sparen.

Die Küchenutensilien und Aufbewahrungsgefäße, die Sie brauchen, finden Sie auf Seite 12.

Bevor Sie anfangen:

- Schaffen Sie Platz im Gefrierschrank – vielleicht lassen sich aus den vorhandenen TK-Produkten ein paar Mahlzeiten kochen.
- Bevor Sie Ihre Einkäufe tätigen, inspizieren Sie den Kühlschrank, werfen Sie überalterte und zweifelhafte Lebensmittel weg und verbrauchen Sie, was noch einwandfrei ist. Dann wischen Sie die Ablagen mit Essig ab, um Gerüche und Bakterien zu entfernen.

Jetzt wird's ernst: Testen Sie die Methode mit einem Wochenmenü und überzeugen Sie sich davon, welche Vorteile sie Ihnen schon in der ersten Woche bringt! Es würde mich nicht wundern, wenn es nicht bei einem Menü bleibt und Sie schnell zu einem begeisterten Anhänger werden!

Gaspacho

Der Kühlschrank

Wie lange halten sich Lebensmittel im Kühlschrank?

1 Woche:

* Salat und Kräuter (gewaschen)
* rohes Gemüse, Zwiebeln und Knoblauchzehen (geschnitten)
* Vinaigrette

5 Tage:

* hartgekochte Eier
* Hummus
* gekochte Hülsenfrüchte (Linsen, Kichererbsen, Bohnen etc.)

3–4 Tage:

* gekochtes Getreide (Reis, Quinoa)
* gekochtes Gemüse
* Suppen, Cremesuppen, kalte Suppen (z. B. Gazpacho)
* Gratins ohne Fleisch

2 Tage:

* mariniertes Fleisch
* Fleisch und Fisch (gegart)
* Quiches, Blätterteig

Empfehlungen:

* Bewahren Sie geschälte oder gekochte Kartoffeln nicht länger auf: Roh werden sie schwarz, gekocht nehmen sie einen unangenehmen Geschmack an. Sie sollten unmittelbar vor dem Essen gegart werden.
* Getreide und Nudeln mit kurzer Kochzeit sollten unmittelbar vor dem Essen zubereitet werden; so schmecken sie besser und behalten eine optimale Konsistenz.
* Bewahren Sie Schmorgerichte und Suppen im Topf oder Bräter auf, damit sie darin direkt aufgewärmt werden können.
* Hausgemachte Speisen, die eingefroren wurden, sollten innerhalb von zwei Monaten verbraucht werden, damit sich ihre Konsistenz möglichst wenig verändert.

Basismaterial

Zum Kochen:

Für die Zubereitung der Menüs in diesem Buch brauchen Sie folgende haushaltsübliche Küchenutensilien:

- 1 größerer Bräter (noch besser 2)
- 1 Schmortopf
- 1 Bratpfanne
- 3 Kochtöpfe unterschiedlicher Größe
- eventuell 1 Wok, 1 Dampfgarer

Schüsseln verschiedener Größe, Salatschleuder, grobes und feines Sieb, Backblech, Gratinform, Tarteform, runde Kuchenform, Kastenform, Stabmixer, Standmixer oder Küchenmaschine mit Mixfunktion, Kartoffelpresse, Küchenreibe, Schaumlöffel.

Zum Aufbewahren:

Die Besonderheit dieses Buches ist, dass viele Lebensmittel oder bereits fertige Gerichte kühl aufbewahrt werden. Deshalb brauchen Sie luftdicht verschließbare Frischhalteboxen. Als Material ist Glas zu empfehlen, da es umweltfreundlicher als Plastik ist und problemlos in den Backofen oder die Mikrowelle gestellt werden kann. Manches lässt sich auch in Schraub- oder Einmachgläsern mit Bügelverschluss aufbewahren.

Für die Menüs brauchen Sie maximal:

- 1 sehr große Box zur Aufbewahrung von Salat
- 3 kleine, 3 große, 5 mittelgroße Boxen
- 2 ganz kleine, hermetisch verschließbare Behälter, in denen geschnittene Zwiebeln und Knoblauchzehen ohne Geruchsbelästigung aufbewahrt werden können
- 1 Glasflasche oder 1 Einmachglas mit 1,5 l Inhalt für die Aufbewahrung von Suppen

Außerdem sollten Sie Frischhaltefolie, Gefrierbeutel, Pergament- oder Backpapier und Küchenpapier im Schrank haben.

alsa
LEVURE CHIMIQUE
"ALSACIENNE"

Basiszutaten

Die folgenden Zutaten werden sehr häufig für die Rezepte gebraucht – sie sollten deshalb im Vorratsschrank sein:

* Aceto balsamico
* Backpulver
* Couscous
* Zartweizen (z. B. Ebly)
* Fleur de sel
* Gewürze: gemahlene Nelken, Kräuter der Provence, Zimtpulver, Currypulver, Kreuzkümmel, Thymian, Ras el Hanout, Muskatnuss, Lorbeerblätter
* Honig
* Ketchup
* Linsen
* Maisstärke
* Mehl
* Nudeln
* Olivenöl
* Pfeffer
* Quinoa
* Reis (Vollkorn)
* Reis (weiß)
* Salz
* Semmelbrösel
* Senf
* Sojasoße
* Sonnenblumenöl
* gehackte Tomaten
* Weinessig

Frühling

Wochenmenü

#1

Warenkorb

Wochenmenü #1

Einkaufsliste

Wochenmenü #1

Obst und Gemüse

- 1 Bund Möhren
- 12 Stangen grüner Spargel
- 8 kleine weiße Rübchen
- 4 Stängel Kirschtomaten
- 1,5 kg Kartoffeln (vorwiegend festkochend)
- 1 Bund Frühlingszwiebeln
- 1 kleine Zitrone
- 1 Bund glatte Petersilie
- 1 Bund Basilikum
- 6 Knoblauchzehen

Basiszutaten

- Mehl
- Olivenöl
- Salz, Pfeffer

Fleisch und Fisch

- 1 kg Lammkeule
- 800 g Kabeljau-Rückenfilet

Milchprodukte

- 1 Beutel geriebener Parmesan
- 330 g Sahne
- 50 g Butter

Sonstige Lebensmittel

- 2 Dosen gekochte weiße Bohnen (ca. 500 g Füllgewicht)
- 400 g kurze Nudeln
- 50 g Pinienkerne
- Tahin (Sesampaste, nach Belieben)
- Kreuzkümmel
- Semmelbrösel

Montag

Lammkeule mit Knoblauch, geröstetem Frühlingsgemüse und weißen Bohnen

Dienstag

Vorspeise
Spargelcremesuppe

Hauptgericht
Kabeljau mit Kräuterkruste

Mittwoch

Lammhack-Kartoffelpüree-Auflauf

Donnerstag

Vorspeise
Hummus aus weißen Bohnen mit Gemüsestiften

Hauptgericht
Nudeln mit Spargel und Kabeljau

Freitag

Minestrone

Zubereitung

Vorbereitungen

1) Alle erforderlichen Zutaten zurechtlegen: ausgenommen 3 Stängel Kirschtomaten, Nudeln und Semmelbrösel. Damit haben Sie alles griffbereit und verlieren keine Zeit bei der Suche der Zutaten im Kühl- oder Vorratsschrank.
2) Alle benötigten Utensilien aus dem Schrank holen:

* 2 Backbleche
* 1 Gratinform
* 1 Kartoffelpresse
* 1 Schmortopf
* 1 großer Kochtopf
* 1 mittelgroßer Kochtopf
* 1 Stabmixer
* 1 Standmixer
* 3 Frischhalteboxen: 2 mittelgroße, 1 große
* Frischhaltefolie

Und jetzt wird 1 Stunde 45 Minuten gekocht!

1 Den Backofen auf 180 °C Ober-/Unterhitze vorheizen. Alle Knoblauchzehen schälen, halbieren, eventuelle grüne Keime entfernen. Die Lammkeule auf ein Backblech legen und mit einem scharfen Messer 6 große Löcher hineinstechen. In jeden Einschnitt ½ Knoblauchzehe stecken. Die Lammkeule salzen, pfeffern und mit 20 g Butter in Flöckchen belegen. Im heißen Ofen 40 Minuten garen.

2 Salzwasser in zwei Töpfen (groß und mittelgroß) aufkochen. Die Kartoffeln und weißen Rübchen schälen, den grünen Spargel nur im unteren Drittel. Die Kartoffeln halbieren und im großen Topf 20 Minuten kochen, im Schnellkochtopf dauert es nur etwa 6 Minuten. 2 Rübchen in Viertel schneiden, 2 weitere in Stifte, die restlichen 4 ganz lassen. Die Rübchenviertel zusammen mit dem Spargel im mittelgroßen Topf 10 Minuten garen.

3 Frühlingszwiebeln putzen, waschen und in feine Ringe schneiden. Die Hälfte in den Topf mit den Rübchen und dem Spargel geben, außerdem 1 Knoblauchzehe.

4 Die Möhren putzen und schälen. 6 Möhren ganz lassen. Die übrigen zur Hälfte in Scheiben schneiden, die andere Hälfte in Stifte. Die Möhren- und Rübenstifte in einen mittelgroßen Behälter legen. Sie werden später zum Hummus aus weißen Bohnen serviert.

5 Aus dem Topf mit dem Gemüse 6 Spargelstangen abnehmen und kalt abspülen, damit sie ihre grüne Farbe behalten. Die Stangen in Stücke schneiden und in einen mittelgroßen Behälter legen.

6 Das Wasser aus dem Gemüsetopf fast ganz abgießen. Die Hälfte der Sahne sowie 2 gekochte Kartoffeln, ½ TL Salz und etwas Pfeffer fein mixen und die Cremesuppe zurück in den Topf gießen.

7 Nach 40 Minuten Bratzeit die Lammkeule aus dem Ofen nehmen, die 4 ganzen Rübchen, die ganzen Möhren, 1 Stängel Kirschtomaten und 200 g weiße Bohnen mit Flüssigkeit dazugeben, alles salzen, pfeffern und weitere 20 Minuten im Ofen braten.

8 Petersilie und Basilikum waschen und trocken schütteln.

9 Die Kräuterkruste für den Kabeljau zubereiten: In einem Mixer 30 g Pinienkerne, 30 g Mehl, 30 g Butter, die Hälfte der Petersilie und des Basilikums sowie ½ Knoblauchzehe mit etwas Salz und Pfeffer zu einer Paste mixen. Die Kabeljaufilets damit bestreichen, auf ein Backblech legen und im heißen Ofen 15 Minuten garen.

Zubereitung

Wochenmenü #1

10 1 EL Olivenöl in einem Schmortopf erhitzen, darin die übrigen Frühlingszwiebelringe und Möhrenscheiben mit ½ TL Salz 5 Minuten andünsten. 500 ml Wasser dazugießen und alles weitere 10 Minuten kochen.

11 Währenddessen das Pesto zubereiten: In dem Mixer, in dem die Kräuterkruste gemixt wurde (auswaschen nicht nötig!), 20 g Pinienkerne, ½ Knoblauchzehe, übriges Basilikum, die Hälfte des Parmesans, ½ TL Salz und 1 Prise Pfeffer durchmixen, dann nach und nach 1 EL Olivenöl dazugeben.

12 2 Kartoffeln in Würfel schneiden. Mit 150 g weißen Bohnen zum Gemüse im Schmortopf geben. Den Topf vom Herd nehmen, das Pesto dazugeben, alles mischen und in einen großen Behälter füllen.

13 Die übrigen Kartoffeln durch die Presse drücken und mit der restlichen Sahne, ½ TL Salz und 1 Prise Pfeffer vermischen.

14 Die Lammkeule entbeinen und in 6 Scheiben schneiden. 2 weniger ansehnliche Scheiben mit 2 EL Petersilie, 2 gekochten Möhren und etwas Bratensatz im Standmixer oder mit dem Stabmixer zu einer Hackmasse verarbeiten. Die Masse in eine Gratinform geben und mit dem Kartoffelpüree bedecken.

15 Den Hummus zubereiten: Den Zitronensaft auspressen. In einem sauberen Standmixer die übrigen abgetropften weißen Bohnen, den restlichen Knoblauch, 1 TL Tahin, den Zitronensaft und 1 Prise Kreuzkümmel fein pürieren. Den Hummus zum Servieren in eine Schüssel geben, mit der

Hälfte der übrigen gehackten Petersilie bestreuen, den Rest über das Lammgericht streuen.

16 Ein Viertel des gegarten Kabeljaus mit Kräuterkruste zerpflücken und zu den Spargelstücken in die Frischhaltebox geben.

Fertig! Alles abkühlen lassen – und dann:

In den Kühlschrank stellen:

- Die Lammkeule mit Gemüse, direkt auf dem Backblech, bedeckt mit Frischhaltefolie (2 Tage haltbar)
- Die Spargelcremesuppe in dem Topf, in dem sie gekocht wurde (3 Tage haltbar)
- Den Kabeljau mit Kräuterkruste, wenn er innerhalb von 2 Tagen verzehrt werden soll
- Den mit Frischhaltefolie abgedeckten Bohnenhummus (5 Tage haltbar)
- Die Möhren- und Rübchenstifte (1 Woche haltbar)

In den Gefrierschrank stellen:

- Den Kabeljau mit Kräuterkruste, wenn er später verzehrt werden soll als 2 Tage nach der Zubereitung
- Den Lammhack-Kartoffelpüree-Auflauf in der Gratinform, abgedeckt mit Frischhaltefolie
- Den Behälter mit den Spargel- und Fischstücken
- Die Minestrone

Ergebnis
Wochenmenü #1

Wochenmenü #1

Montag

Lammkeule mit Knoblauch, geröstetem Frühlingsgemüse und weißen Bohnen

Zeit zum Erwärmen:
10 Minuten

Zutaten: das zubereitete Gericht
Den Backofen auf 180 °C Ober-/Unterhitze vorheizen. Die Keule mit dem Gemüse im heißen Ofen 10 Minuten erwärmen und servieren.
Für Dienstag den Kabeljau mit Kräuterkruste aus dem Gefrierschrank nehmen und zum Auftauen in den Kühlschrank stellen.

Dienstag

Vorspeise
Spargelcremesuppe

Hauptgericht
Kabeljau mit Kräuterkruste

Zeit zum Kochen und Erwärmen:
10 Minuten

Zutaten: die Spargelcremesuppe, der Kabeljau mit Kräuterkruste, 2 Stängel Kirschtomaten, Olivenöl
Die Cremesuppe 10 Minuten im Topf erwärmen. Den Backofen auf 210 °C Ober-/Unterhitze vorheizen, darin die Kirschtomaten mit etwas Olivenöl in einer Form braten. Die Temperatur auf 150 °C Ober-/Unterhitze reduzieren und den Kabeljau im Ofen 3 Minuten erwärmen.
Für Mittwoch den Lammhack-Kartoffelpüree-Auflauf aus dem Gefrierschrank nehmen und zum Auftauen in den Kühlschrank stellen.

Mittwoch

Lammhack-Kartoffelpüree-Auflauf

Zeit zum Erwärmen:
10 Minuten

Zutaten: der Hackauflauf, die Semmelbrösel
Den Backofen auf 220 °C Ober-/Unterhitze vorheizen. Den Auflauf mit Semmelbröseln bestreuen, im Ofen 10 Minuten backen und danach servieren.
Für Donnerstag den Behälter mit den Spargel- und Fischstücken aus dem Gefrierschrank nehmen und zum Auftauen in den Kühlschrank stellen.

Donnerstag

Vorspeise

Hummus aus weißen Bohnen mit Gemüsestiften

Hauptgericht

Nudeln mit Spargel und Kabeljau

Zeit zum Kochen und Erwärmen:
15 Minuten
Zeit zum Fertigstellen und Anrichten:
1 Minute

Zutaten: die Gemüsestifte, 400 g kurze Nudeln, der Behälter mit den Spargel- und Fischstücken, der Rest Parmesan

Die Nudeln nach Packungsangabe garen, ein Drittel davon für die Minestrone am Freitag abnehmen und in einem geschlossenen Behälter in den Kühlschrank stellen. Spargel und Fisch in der Mikrowelle erwärmen und mit den Nudeln mischen. Das Gericht mit Parmesan bestreuen. **Für Freitag die Minestrone aus dem Gefrierschrank nehmen und zum Auftauen in den Kühlschrank stellen.**

Freitag

Minestrone

Zeit zum Erwärmen:
10 Minuten

Zutaten: der Rest gekochte Nudeln, die Minestrone, 1 Stängel Kirschtomaten

In einem großen Topf die Minestrone mit den Kirschtomaten 10 Minuten erhitzen. Die gekochten Nudeln hinzufügen und die Minestrone servieren.

Wochenmenü

#2

Warenkorb

Wochenmenü #2

Einkaufsliste

Wochenmenü #2

Obst und Gemüse

- 2 Bund Brunnenkresse
- 1 großer Beutel Babyspinat (4 Tage haltbar)
- 1 Bund Radieschen
- 1 Bund Frühlingszwiebeln
- 3 Salatherzen
- 1 große Kartoffel
- 1 Bio-Limette
- 1 Zitrone
- 1 Bund Koriandergrün
- 1 Bund Estragon
- 3 Schalotten
- 8 Knoblauchzehen
- 1 Stück frischer Ingwer (ca. 5 cm)

Basiszutaten

- 200 g passierte Tomaten
- Senf
- Sonnenblumenöl
- Olivenöl
- Salz, Pfeffer

Fleisch und Fisch

- 200 g Lachsfilet
- 1 Schwanzstück vom Seeteufel (vom Fischhändler häuten und würfeln lassen)
- 8 kleine Hühnerbrustfilets

Milchprodukte

- 1 Stück Parmesan
- 1 Becher Mascarpone (250 g)
- 1 Becher Ricotta (250 g)
- 2 Becher Crème fraîche (500 g)
- 330 g Sahne

Sonstige Lebensmittel

- 4 Eier
- 2 Platten Mürbeteig
- 200 g rote Linsen
- 500 g Reis
- 1 großes Vollkorn-Mischbrot
- 400 g Kokosmilch
- 10 g grüne Currypaste
- 8 Sardellenfilets
- Worcestersoße
- Tabasco
- 2 Kardamomkapseln
- 1 EL Tandoori-Gewürz

Montag

Pastete mit Lachs und Brunnenkresse

Dienstag

Vorspeise
Radieschenbrote

Hauptgericht
Huhn in Estragonsoße

Mittwoch

Linsen-Dhal

Donnerstag

Vorspeise
Cremesuppe aus Radieschenblättern

Hauptgericht
Caesar Salat

Freitag

Grünes Seeteufelcurry

Zubereitung

Vorbereitungen

1) Alle erforderlichen Zutaten zurechtlegen: ausgenommen Spinat, Salatherzen, Zitrone, 1 Knoblauchzehe, Sahne, Parmesan, Reis, Worcestersoße, Tabasco und Sardellenfilets. Damit haben Sie alles griffbereit und verlieren keine Zeit bei der Suche der Zutaten im Kühl- oder Vorratsschrank.
2) Alle benötigten Utensilien aus dem Schrank holen:

* 1 Küchenmaschine
* 1 Salatschleuder
* 1 Pfanne
* 1 runde Backform
* 1 Schmortopf
* 1 Stabmixer
* 1 kleiner Kochtopf
* 1 großer Kochtopf
* 1 Küchenreibe (für Limettenschale und Ingwer)
* 1 kleine ofenfeste Schüssel
* 1 Glasschüssel zur Aufbewahrung der Cremesuppe
* 7 Frischhalteboxen: 2 große, 1 mittelgroße, 4 kleine
* Pergamentpapier
* 1 Gefrierbeutel (für das Brot)

Und jetzt wird 2 Stunden gekocht!

1 Von der Brunnenkresse die Stängel entfernen. Die Blätter in der Salatschleuder waschen und trocken schleudern. Eine Handvoll Blätter beiseitelegen, die übrigen grob hacken.

2 Die Schalotten und 7 Knoblauchzehen schälen und fein hacken.

3 In einer Pfanne 1 EL Olivenöl erhitzen, darin ein Drittel der Schalotten, ½ TL Knoblauch und ½ TL Salz 2 Minuten andünsten. Die Kresse hinzufügen und bei hoher Hitze 5 Minuten mitdünsten, bis das Wasser verdampft ist.

4 Währenddessen 1 Ei in einem kleinen Topf in 10 Minuten hartkochen.

5 Die restlichen 3 Eier in die Schüssel der Küchenmaschine aufschlagen. Dabei die Hälfte von 1 Eigelb

zum Bestreichen der Pastete aufheben. Den Becher Mascarpone, ½ TL Salz und etwas Pfeffer zu den Eiern geben und alles mixen. Die gedünstete Kresse dazugeben und einmal durchmixen.

6 Den Backofen auf 180 °C Ober-/Unterhitze vorheizen. Den Lachs in Würfel schneiden und zu der Kressemasse geben. Die Backform ausfetten und 1 Platte Mürbeteig als Boden hineinlegen. Überstehenden Teig abschneiden. Aus der zweiten Platte Mürbeteig einen Deckel im Durchmesser der Form schneiden. Die Lachs-Kresse-Mischung in die Form füllen und den Teigdeckel darauflegen. Die Ränder des unteren Teigblatts nach innen umlegen und andrücken, um den Belag gut einzuschließen. Mit dem Rest Eigelb bestreichen. In die Mitte des Deckels mit einem Messer ein kleines Loch schneiden und ein Röllchen Pergamentpapier hineinstecken, damit der Dampf entweichen kann. Die Pastete im heißen Ofen 50 Minuten backen.

7 Von den Radieschen die Blätter und Stängel abschneiden und in der Salatschleuder mehrmals waschen. Die Radieschen waschen, in Scheiben schneiden und in einen kleinen Behälter geben.

8 In einem großen Kochtopf 1 EL Olivenöl erhitzen, darin die Hälfte der Schalotten, ½ TL Knoblauch und ½ TL Salz bei niedriger Hitze 5 Minuten andünsten. Währenddessen die Kartoffel schälen, in kleine Würfel schneiden und in den Topf geben. Mit 400 ml Wasser auffüllen und die Kartoffel 10 Minuten garen.

9 Die Frühlingszwiebeln putzen, waschen und in feine Ringe schneiden. Estragon und Koriandergrün waschen und trocken schleudern.

10 In den Kochtopf die Radieschenblätter, den Rest Kresseblätter, 1 Stängel Estragon und 1 EL Frühlingszwiebelringe geben und 3 Minuten köcheln lassen. 50 g Ricotta hinzufügen und alles mit dem

Zubereitung

Wochenmenü #2

Stabmixer pürieren. In eine Glasschüssel füllen, dabei genügend Platz bis zum Rand lassen.

11 Im Mixer 2 EL Frühlingszwiebelringe, 1 TL Knoblauch, ein Drittel des Koriandergrüns mit Stängeln, die Hälfte des geschälten Ingwers und 10 g grüne Currypaste pürieren.

12 Das grüne Seeteufelcurry zubereiten: Die Hälfte der Kokosmilch in einen Schmortopf gießen, aufkochen und offen auf die Hälfte einkochen lassen. Die Currymischung aus Punkt 11 dazugeben und offen bei hoher Hitze 1 Minute kochen lassen. Die Seeteufelwürfel hinzufügen und offen bei hoher Hitze 5 Minuten mitkochen. Am Ende der Garzeit die Limette waschen, die Limettenschale abreiben. Den Saft der Limette auspressen. Die Schale mit der Hälfte des Limettensafts in einem mittelgroßen Behälter vermischen. Den Schmortopf auswaschen.

13 Das Linsen-Dhal zubereiten: Im Schmortopf 1 EL Olivenöl erhitzen. Die Hälfte der übrigen Schalotten- und Knoblauchwürfel, 1 TL Salz, das Tandoori-Gewürz, die Samen aus den Kardamomkapseln und den Rest des geriebenen Ingwers hinzufügen und 1 Minute andünsten. Die roten Linsen, passierten Tomaten und 300 ml Wasser dazugeben und bei niedriger Hitze 15 Minuten köcheln lassen. Wenn nötig, zwischendurch etwas Wasser dazugießen.

14 Von dem Brot 8 schöne Scheiben abschneiden. Die Endstücke in Würfel schneiden. In einer kleinen ofenfesten Schüssel mit 2 EL Olivenöl, ½ TL Salz und dem übrigen Knoblauch mischen und im Ofen bei 180 °C Ober-/Unterhitze 10 Minuten backen. Die Croûtons in eine kleine Schüssel geben.

15 Wenn die roten Linsen gar sind, mit der anderen Hälfte der Kokosmilch und dem übrigen Limettensaft noch 1 Minute erhitzen.

16 Die Estragonsoße zubereiten: In einem kleinen Topf 1 EL Olivenöl erhitzen. Den Rest Knoblauch und Schalotten mit ½ TL Salz 3 Minuten andünsten. 2 EL Senf, die beiden Becher Crème fraîche und drei Viertel des Estragons dazugeben, 2 Minuten kochen lassen, vom Herd nehmen und mit dem Stabmixer fein pürieren.

Fertig! Alles abkühlen lassen – und dann:

In den Kühlschrank stellen:

* Das hartgekochte Ei (5 Tage haltbar)
* Die Lachspastete in ihrer Form (2 Tage haltbar)
* Das Linsen-Dhal (4 Tage haltbar)
* Die übrigen Frühlingszwiebelringe (1 Woche haltbar)
* Die Radieschenscheiben (1 Woche haltbar)
* Die Estragonsoße (3 Tage haltbar)
* Den Rest Koriandergrün und Estragon, aufbewahrt zwischen 2 Lagen Küchenpapier in einer luftdicht verschließbaren Dose (1 Woche haltbar)
* Die 8 Brotscheiben in einem luftdicht verschließbaren Beutel (4 Tage haltbar)

In den Gefrierschrank stellen:

* Das Seeteufelcurry
* Die Cremesuppe

Ergebnis

GREENPAN

Wochenmenü #2

Montag

Pastete mit Lachs und Brunnenkresse

Zeit zum Aufwärmen:
10 Minuten

Zutaten: die Pastete
Den Backofen auf 180 °C Ober-/Unterhitze vorheizen. Die Pastete im heißen Ofen 10 Minuten backen.

Dienstag

Vorspeise
Radieschenbrote

Hauptgericht
Huhn in Estragonsoße

Zeit zum Kochen:
15 Minuten
Zeit zum Fertigstellen und Anrichten:
10 Minuten

Zutaten: die 8 Scheiben Vollkornbrot, der Rest Ricotta, die Radieschenscheiben, die Frühlingszwiebelringe, Salz, Pfeffer; die 8 Hühnerbrustfilets, die Estragonsoße, der Rest Estragon, Olivenöl
Die Brotscheiben toasten, mit Ricotta bestreichen, mit Radieschenscheiben und Frühlingszwiebeln belegen, salzen und pfeffern. Ein paar Radieschenscheiben für den Donnerstag zurückbehalten.
In einer großen Pfanne 2 EL Olivenöl erhitzen, darin die 8 Hühnerbrustfilets beidseitig 15 Minuten braten. 4 Filets herausnehmen und in einer luftdicht verschließbaren Frischhaltebox für den Caesar Salat am Donnerstag aufbewahren. Die Estragonsoße in der Pfanne aufkochen. Mit Estragonblättern bestreuen und servieren!

Mittwoch

Linsen-Dhal

Zeit zum Kochen und Erwärmen:
10 Minuten

Zutaten: das Dhal, der Beutel Babyspinat, Koriandergrün, 500 g Reis, Salz, Pfeffer
Den Reis abbrausen und nach Packungsangabe garen. Das Dhal in einem Schmortopf bei niedriger Hitze 5 Minuten erwärmen. Danach den Babyspinat dazugeben und alles bei hoher Hitze 5 Minuten kochen lassen. Mit der Hälfte des Reises und der Hälfte des Koriandergrüns servieren. Von beidem die übrige Hälfte bis zum Freitag (für das Seeteufelcurry) im Kühlschrank aufbewahren.
Für Donnerstag die Cremesuppe aus dem Gefrierschrank nehmen und zum Auftauen in den Kühlschrank stellen.

Donnerstag

Vorspeise

Cremesuppe aus Radieschenblättern

Hauptgericht

Caesar Salat

Zeit zum Erwärmen:
10 Minuten
Zeit zum Zubereiten:
15 Minuten

Zutaten: die Cremesuppe, der Rest Radieschenscheiben; die Salatherzen, die 4 gebratenen Hühnerbrustfilets, die Croûtons, das hartgekochte Ei, 1 Knoblauchzehe, die 8 Sardellenfilets, das Stück Parmesan, die Zitrone, Sonnenblumenöl, die Sahne, Tabasco, Worcestersoße

Die Cremesuppe aus Radieschenblättern in einem Topf bei niedriger Hitze in 10 Minuten erwärmen. Mit den restlichen Radieschenscheiben bestreuen.

Die Soße für den Caesar Salat zubereiten: In die Schüssel des Mixers das gepellte Ei, die Hälfte des Parmesans, die Knoblauchzehe und die Sardellen geben. Den Saft der Zitrone dazugeben und 2 Minuten mixen. Danach 70 ml Öl, die Sahne, Tabasco und Worcestersoße hinzufügen und alles kurz durchmixen.

Die Blätter der Salatherzen mit der Soße beträufeln. Das Hühnerfleisch in Streifen schneiden, salzen und pfeffern. Salatblätter in eine Schüssel legen, darauf die Fleischstreifen und die Croûtons geben. Vom übrigen Parmesan mit einem Sparschäler Späne abziehen und darüberstreuen. Die übrige Soße extra dazu servieren.

Für Freitag das grüne Seeteufelcurry aus dem Gefrierschrank nehmen und zum Auftauen in den Kühlschrank stellen.

Freitag

Grünes Seeteufelcurry

Zeit zum Erwärmen:
10 Minuten

Zutaten: das Fischcurry, der Rest Reis und Koriandergrün, Salz, Pfeffer

Das Seeteufelcurry im Topf und den Reis nach Belieben (z. B. in Wasser oder über Dampf) erwärmen. Mit Salz und Pfeffer abschmecken und mit Koriandergrün bestreuen.

Wochenmenü

#3

Warenkorb

Wochenmenü #3

Einkaufsliste
Wochenmenü #3

Obst und Gemüse

- 1 Knolle Fenchel
- 1 Zitrone
- 1 Limette
- 1 roter Kopf- oder Eichblattsalat
- 1 Bund Möhren
- 1 Handvoll (oder 1 kleiner Beutel) Sojasprossen
- 1 kg frischer Spinat (oder 500 g gehackter TK-Spinat)
- 3 Tomaten
- 2 kleine Salatgurken
- 400 g Saubohnen, mit Schalen gewogen, oder 200 g TK-Saubohnen
- 1 Bund Frühlingszwiebeln
- 1 Bund Koriandergrün
- 1 Stück frischer Ingwer (ca. 5 cm)
- 4 Knoblauchzehen

Basiszutaten

- Semmelbrösel
- Mehl
- Senf
- getrockneter Thymian
- Essig
- Oliven- und Sonnenblumenöl
- Salz, Pfeffer

Fleisch und Fisch

- 4 Rindersteaks
- 4 sehr dünne Putenschnitzel
- 2 Scheiben Schinken (oder geräucherte Putenbrust)
- 20 TK-Garnelen (ohne Schale)

Milchprodukte

- 1 Becher Ricotta
- 1 kleiner Beutel geriebener Parmesan
- 1 Kugel Mozzarella
- 330 g Sahne
- 1 Rolle Ziegenkäse mit Asche

Sonstige Lebensmittel

- 10 Eier
- 2 Dosen Thunfisch
- 8 Sardellen
- 50 g Nizza-Oliven
- 200 g große Muschelnudeln
- 250 g Zartweizen (z. B. Ebly)
- 200 g Reisnudeln
- 200 g passierte Tomaten
- 1 Baguette, gekauft am Wochenende und danach tiefgekühlt, oder am Donnerstag
- Sojasoße
- Fischsoße (aus dem Asienladen)

Montag

Vorspeise
In Olivenöl und Zitrone marinierter Fenchel

Hauptgericht
Cordon bleu*

Dienstag

Mariniertes Rindersteak mit Püree von jungen Möhren

Mittwoch

Mit Ricotta und Spinat gefüllte Muschelnudeln

Donnerstag

Nizza-Salat

Freitag

Vorspeise
Toast mit warmem Ziegenkäse
Hauptgericht
Pad Thai mit Garnelen

*Für ein Menü ohne Schweinefleisch den Schinken durch geräucherte Putenbrust ersetzen.

Zubereitung

Wochenmenü #3

Vorbereitungen

1) Alle erforderlichen Zutaten zurechtlegen: ausgenommen Limette, Sojasprossen, Garnelen, 3 Eier, Parmesan, Ziegenkäse, Thunfisch, Sardellen, Oliven, Zartweizen, Reisnudeln und die Fischsoße. So haben Sie alles griffbereit und verlieren keine Zeit bei der Suche der Zutaten im Kühl- oder Vorratsschrank.
2) Alle benötigten Utensilien aus dem Schrank holen:

- 1 Küchenreibe (zum Raspeln der Möhren)
- 1 große Gratinform
- 1 Salatschleuder
- 1 Salatschüssel
- 1 Schmortopf
- 1 kleiner Kochtopf
- 1 mittelgroßer Kochtopf
- 1 großer Kochtopf
- 1 Stabmixer
- 1 Schaumlöffel
- 3 tiefe Teller
- 10 Frischhalteboxen: 3 große, 3 mittelgroße, 4 kleine
- 1 Gefrierbeutel (wenn Sie das Baguette einfrieren), Frischhaltefolie, Küchenpapier

Und jetzt wird 1 Stunde 10 Minuten gekocht!

1 Den Salat putzen und die Blätter einzeln unter fließend kaltem Wasser waschen, dann trocken schleudern und zwischen 2 Lagen Küchenpapier in einen großen, luftdicht verschließbaren Behälter legen. So hält sich der Salat 1 Woche im Kühlschrank.

2 Das Bund Koriandergrün kalt waschen, ebenfalls trocken schleudern und zwischen 2 Lagen Küchenpapier in einen luftdicht verschließbaren Behälter legen. So ist es 1 Woche gekühlt haltbar.

3 Den Spinat putzen, verlesen, waschen, trocken schleudern und grob hacken. Die 4 Knoblauchzehen schälen und fein hacken. Den Ingwer schälen und fein reiben.

4 In einem Schmortopf 4 EL Olivenöl erhitzen. ½ TL Knoblauch, 1 TL Salz und nach und nach den gehackten Spinat dazugeben und offen 15 Minuten braten, bis das Wasser verdampft ist.

5 Wasser in einem großen Kochtopf aufkochen, darin die Muschelnudeln nach Packungsangabe *al dente* garen. Dann abgießen und abtropfen lassen.

6 Den gegarten Spinat in eine Schüssel geben und den Becher Ricotta dazugeben. Alles salzen, pfeffern und mit dem Stabmixer grob vermischen.

7 Die passierten Tomaten in eine Gratinform geben, salzen und pfeffern. Die Spinat-Ricotta-Mischung mit einem kleinen Löffel in die Muschelnudeln füllen, diese dicht an dicht in die Form legen.

8 Wasser in einem mittelgroßen Topf aufkochen. Die Möhren putzen und schälen. 2 Möhren raspeln und die Möhrenraspel in einem luftdichten Behälter aufbewahren. Die übrigen Möhren in Scheiben schneiden und 20 Minuten garen.

9 Wasser in einem kleinen Topf aufkochen. Die Saubohnen enthülsen und 2 Minuten im Wasser kochen. Mit einem Schaumlöffel aus dem Topf nehmen und unter kaltem Wasser abschrecken. Im selben Topf 4 Eier in 10 Minuten hartkochen.

10 Den Fenchel waschen, putzen und in feine Scheiben schneiden (mit einer Küchenreibe, einem scharfen Messer oder in der Küchenmaschine). In einenF Behälter legen. Den Saft der Zitrone auspressen. Mit 3 EL Olivenöl, ½ TL Salz und etwas Pfeffer verrühren und mit dem Fenchel mischen. Den Fenchel in den Kühlschrank stellen und durchziehen lassen.

11 Die Möhren mit der Sahne, ½ TL Salz, etwas Pfeffer und einem Drittel des Ingwers zu Püree verarbeiten.

Zubereitung

Wochenmenü #3

12 Die Frühlingszwiebeln putzen, waschen und in feine Ringe schneiden. Die Ringe in einen luftdicht verschließbaren Behälter geben.

13 Eine Marinade für die Rindersteaks anrühren: 2 EL Sojasoße mit 2 EL Sonnenblumenöl, 6 Stängeln fein geschnittenem Koriandergrün, 1 EL Frühlingszwiebelringe, einem Drittel des geriebenen Ingwers und ½ TL Knoblauch vermischen. Die Steaks in diese Marinade legen.

14 Restlichen Knoblauch und Ingwer in einen luftdicht verschließbaren Behälter geben.

15 Gurken und Tomaten waschen. Die Gurken in Scheiben und die Tomaten in Achtel schneiden. Beides neben die gekochten Saubohnen in eine Frischhaltebox legen.

16 Den Mozzarella in 8 Scheiben schneiden. Drei tiefe Teller als „Panierstraße" aufstellen. In den ersten Teller 4 EL Mehl geben, in den zweiten 3 verquirlte Eier und in den dritten 100 g Semmelbrösel.

17 Die Cordons bleus zubereiten: Ein Putenschnitzel zwischen 2 rechteckige Stücke Frischhaltefolie legen und mit dem Boden eines schweren Topfes flach klopfen. Mit den anderen Schnitzeln genauso verfahren. Auf jedes Schnitzel ½ Scheibe Schinken und in die Mitte 2 Scheiben Mozzarella legen. Salzen und pfeffern und die Schnitzel zusammenklappen. Jedes Schnitzel von beiden Seiten zuerst in Mehl wenden, dann in verquirltem Ei und zuletzt in Semmelbröseln.

18 Eine Vinaigrette zubereiten: 2 EL Senf mit 3 EL Essig, 1 TL Salz und etwas Pfeffer verrühren. Nach und nach 6 EL Olivenöl unterrühren, bis eine homogene Soße entsteht.

19 Wenn man das Baguette bereits am Wochenende gekauft hat, dieses in Scheiben schneiden und in einen Gefrierbeutel packen.

Fertig! Alles abkühlen lassen – und dann:

In den Kühlschrank stellen:

* Den marinierten Fenchel (2 Tage haltbar)
* Die Cordons bleus (2 Tage haltbar)
* Die marinierten Steaks (3 Tage haltbar)
* Das Möhrenpüree (3 Tage haltbar)
* Die gefüllten Muschelnudeln in der mit Frischhaltefolie bedeckten Gratinform (4 Tage haltbar)
* Die Frischhaltebox mit den Tomaten, Gurkenscheiben und Saubohnen (1 Woche haltbar)
* Die Frühlingszwiebelringe (1 Woche haltbar)
* Den gewaschenen Salat (1 Woche haltbar)
* Die geraspelten Möhren (1 Woche haltbar)
* Den Rest Koriandergrün (1 Woche haltbar)
* Den Behälter mit Knoblauch und Ingwer (1 Woche haltbar)
* Die Vinaigrette (1 Woche haltbar)

In den Gefrierschrank legen:

* ggf. die Baguettescheiben

Ergebnis

Wochenmenü #3

Wochenmenü #3

Montag

Vorspeise

Mit Olivenöl und Zitrone marinierter Fenchel

Hauptgericht

Cordon bleu

Zeit zum Kochen:
10 Minuten

Zutaten: der marinierte Fenchel, die Cordons bleus, die Hälfte des Blattsalats und der Vinaigrette, Olivenöl

Den Fenchel mindestens 15 Minuten vor dem Servieren aus dem Kühlschrank nehmen. 3 EL Olivenöl in einer Pfanne erhitzen, darin die Cordons bleus bei niedriger Hitze von jeder Seite 5 Minuten braten. Den Salat mit der Vinaigrette in einer Schüssel mischen und dazu reichen.

Dienstag

Mariniertes Rindersteak mit Püree von jungen Möhren

Zeit zum Erwärmen:
10 Minuten
Zeit zum Kochen:
5 Minuten

Zutaten: die marinierten Rindersteaks, das Möhrenpüree, die Frühlingszwiebelringe

Das Möhrenpüree im Topf oder in der Mikrowelle erwärmen. Mit 1 EL Frühlingszwiebelringe bestreuen. Die Rindersteaks mit der Marinade bei hoher Hitze insgesamt 5 Minuten braten.

Mittwoch

Mit Ricotta und Spinat gefüllte Muschelnudeln

Zeit zum Erwärmen:
10 Minuten

Zutaten: die gefüllten Muschelnudeln, der kleine Beutel Parmesan

Den Backofen auf 200 °C Ober-/Unterhitze vorheizen. Die Nudeln mit Parmesan bestreuen und im heißen Ofen 10 Minuten gratinieren.

Donnerstag

Nizza-Salat

Zeit zum Fertigstellen und Anrichten:
10 Minuten
Zeit zum Kochen:
10 Minuten

Zutaten: 250 g Zartweizen (z. B. Ebly), die Box mit den Tomaten, Saubohnen und Gurkenscheiben, die 8 Sardellen, die hartgekochten Eier, der Thunfisch, 4 Stängel Koriandergrün, die Hälfte der übrigen Frühlingszwiebeln, die Nizza-Oliven, die Vinaigrette

Den Weizen nach Packungsangabe in kochendem Wasser garen. Dann unter kaltem Wasser abschrecken. Die Haut der Saubohnen entfernen. Die Eier pellen. Alle Zutaten in einer Salatschüssel locker mischen, mit der Vinaigrette (etwas für den nächsten Tag aufbewahren) servieren.

Freitag

Vorspeise

Toast mit warmem Ziegenkäse

Hauptgericht

Pad Thai mit Garnelen

Zeit zum Kochen:
10 Minuten
Zeit zum Fertigstellen und Anrichten:
15 Minuten

Zutaten: der Rest Salat, das Baguette, der Ziegenkäse, Thymian, der Rest Vinaigrette, 200 g Reisnudeln, die TK-Garnelen, die Knoblauch-Ingwer-Mischung, 3 Eier, Soja- und Fischsoße, die Sojasprossen, die Möhrenraspel, der Rest Frühlingszwiebeln, der Rest Koriandergrün, die Limette, Sonnenblumenöl

Den Backofen auf 200 °C Ober-/Unterhitze vorheizen. Baguettescheiben im heißen Ofen 3 Minuten rösten. Ziegenkäse in Scheiben schneiden. Jede Brotscheibe mit 1 Scheibe Käse belegen, mit Thymian bestreuen und im Ofen 3 Minuten backen, bis der Käse schmilzt. Auf einem mit Vinaigrette beträufelten Salatbett servieren.

Reisnudeln in heißem Wasser 5 Minuten einweichen. Garnelen abspülen, abtrocknen und am Rücken einschneiden. Im Wok oder Schmortopf 3 EL Öl erhitzen. Garnelen darin bei hoher Hitze 1 Minute braten, herausnehmen und in eine Schüssel geben. Die Knoblauch-Ingwer-Mischung 1 Minute braten. Die Möhrenraspel und je 4 EL Soja- und Fischsoße dazugeben, dann die eingeweichten Nudeln und 1 großes Glas Wasser. Alles 5 Minuten pfannenrühren. Die Nudeln auf eine Seite des Topfes schieben. 3 Eier aufschlagen, auf die andere Seite geben und 2 Minuten braten, dann mit den Nudeln mischen. Garnelen dazugeben, alles 30 Sekunden vermengen und vom Herd nehmen. Sojasprossen und übrige Frühlingszwiebeln zufügen. Mit gehacktem Koriandergrün bestreuen. Mit Limettenspalten servieren.

Wochenmenü

#4

Warenkorb

Wochenmenü #4

Einkaufsliste

Wochenmenü #4

Obst und Gemüse

- ✱ 1 kg neue Kartoffeln
- ✱ 250 g ausgepalte grüne Erbsen
- ✱ 200 g Zuckerschoten
- ✱ 3 Möhren
- ✱ 1 kleiner Blumenkohl
- ✱ 1 kleiner Brokkoli
- ✱ 1 Bund Schnittlauch
- ✱ 1 Bund Kerbel
- ✱ 6 Stangen grüner Spargel
- ✱ 100 g Babyspinat
- ✱ 2 Bio-Zitronen
- ✱ 3 Zwiebeln
- ✱ 4 Knoblauchzehen

Basiszutaten

- ✱ 2 Lorbeerblätter
- ✱ Ras el Hanout (Gewürzmischung)
- ✱ Kreuzkümmel
- ✱ Olivenöl
- ✱ Weinessig
- ✱ Salz, Pfeffer

Fleisch und Fisch

- ✱ 1 Kalbskotelett (ca. 1 kg)
- ✱ 300 g geräuchertes Makrelenfilet
- ✱ 400 g Hühnerbrustfilet

Milchprodukte

- ✱ 125 g Butter
- ✱ 330 g Sahne
- ✱ 300 g Doppelrahmfrischkäse (z. B. Philadelphia)
- ✱ 1 Packung Feta

Sonstige Lebensmittel

- ✱ 250 g Tagliatelle
- ✱ 8 Scheiben Toastbrot
- ✱ 1 Dose Kichererbsen
- ✱ 200 g Bulgur
- ✱ 250 g Reis
- ✱ 4 EL Kapern
- ✱ 100 g Mandeln
- ✱ 2 Dosen gehackte Tomaten (ca. 800 g)
- ✱ 30 g entsteinte schwarze Oliven
- ✱ 2 Würfel Geflügelbrühe

Menüs

Montag

Geschmortes Kalbskotelett mit Frühlingsgemüse

Dienstag

Vorspeise
Blumenkohl in Kapern-Vinaigrette

Hauptgericht
Herzhafter Käsekuchen

Mittwoch

Vorspeise
Rillettes von geräucherter Makrele

Hauptgericht
Huhn „puttanesca" mit Reis

Donnerstag

Gewürzbulgur mit Blumenkohl, Brokkoli und Kichererbsen

Freitag

Tagliatelle mit geräucherter Makrele und Gemüse

Zubereitung
Wochenmenü #4

Vorbereitungen

1) Alle erforderlichen Zutaten zurechtlegen: ausgenommen ½ Zitrone, Sahne, Tagliatelle, 4 Scheiben Toastbrot, Kichererbsen, Bulgur und Reis. So haben Sie alles griffbereit und verlieren keine Zeit bei der Suche der Zutaten im Kühl- oder Vorratsschrank.
2) Alle benötigten Utensilien aus dem Schrank holen:
- 1 großer Bräter
- 1 Schmortopf
- 1 viereckige flache Auflaufform
- 1 kleine Springform
- 1 Mixer
- 1 Salatschüssel
- 2 Glasschälchen
- 1 Salatschleuder (oder ein sauberes Geschirrtuch)
- 1 Küchenreibe
- 1 Wasserglas
- 6 Frischhalteboxen: 3 große, 1 mittelgroße, 2 kleine
- Pergamentpapier, Frischhaltefolie

Und jetzt wird 2 Stunden gekocht!

1 Den Backofen auf 180 °C Ober-/Unterhitze vorheizen. 4 Scheiben Toastbrot und die Mandeln auf ein Backblech legen und im heißen Ofen 10 Minuten rösten.

2 Die Zwiebeln und den Knoblauch schälen, hacken und getrennt in 2 Schälchen geben.

3 In dem Bräter 3 EL Olivenöl erhitzen. Das Kalbskotelett salzen, pfeffern und bei hoher Hitze von jeder Seite 5 Minuten anbraten.

4 Das Kotelett aus dem Bräter nehmen. Ein Drittel der Zwiebeln und des Knoblauchs mit 1 TL Salz in das Bratfett geben und 5 Minuten andünsten.

5 Währenddessen die Kartoffeln schälen und halbieren. Die Möhren putzen, schälen und in Stücke schneiden. Beides ebenfalls in den Bräter geben.

2 Gläser Wasser, 1 Würfel Geflügelbrühe und die Lorbeerblätter hinzufügen. Das Kotelett wieder in den Bräter legen. Alles offen bei niedriger Hitze 20 Minuten schmoren.

6 In eine Auflaufform beide Dosen gehackte Tomaten, die schwarzen Oliven, die Hälfte der Zwiebeln und des Knoblauchs, 2 EL Kapern und 3 EL Olivenöl füllen. Alles salzen, pfeffern und mischen. Im heißen Ofen 35 Minuten garen.

7 Im Mixer das geröstete Toastbrot und die Hälfte der gerösteten Mandeln ganz fein mahlen. Die 125 g Butter zerlassen, 90 g davon in den Mixer geben, alles einmal durchmixen. Den Rest der Butter beiseitestellen.

8 Aus Pergamentpapier einen Kreis im Durchmesser der Springform schneiden und in die Form legen. Mit dem Brot-Mandel-Teig bedecken, diesen mit dem Boden eines Wasserglases flach drücken und am Rand der Form etwas hochziehen. In den Kühlschrank stellen.

9 Den Mixer für die Makrelen-Rillettes auswaschen. Die Bio-Zitrone waschen, die Schale abreiben und den Saft auspressen. 150 g Makrelenfilet ohne Haut, 100 g Frischkäse, den Rest zerlassene Butter, die Zitronenschale und zwei Drittel vom Zitronensaft im Mixer kurz mixen.

Zubereitung

10 Schnittlauch und Kerbel waschen und trocken schleudern oder mit einem Geschirrtuch abtrocknen. Ein Drittel des Schnittlauchs in feine Röllchen schneiden und unter die Rillettesmasse mischen. Diese in eine Servierschale füllen.

11 In den Bräter die geputzten Zuckerschoten und die Hälfte der Erbsen geben und das Gericht weitere 15 Minuten schmoren.

12 Die Hühnerbrustfilets in Streifen schneiden. Die Streifen in die Auflaufform mit den Tomaten geben und untermischen, alles weitere 10 Minuten garen.

13 Den Mixer auswaschen, um den Belag für den herzhaften Käsekuchen zuzubereiten. Die restlichen 200g Frischkäse, die Hälfte des Feta und den übrigen Zitronensaft gründlich miteinander mixen und in eine Schüssel füllen. Die Hälfte des übrigen Schnittlauchs unterziehen. Den Teigboden aus dem Kühlschrank nehmen und mit der Frischkäsemasse bestreichen.

14 Den Babyspinat verlesen, waschen und trocken schleudern. Die Hälfte auf die Mischung in der Auflaufform geben und im Ofen in weiteren 2 Minuten zusammenfallen lassen.

15 In einem Schmortopf 2EL Olivenöl erhitzen, darin die restlichen Zwiebelwürfel, 1EL Ras el Hanout und ½TL Salz bei niedriger Hitze 5 Minuten andünsten. Brokkoli und Blumenkohl waschen, in Röschen teilen und mit 1 Brühwürfel dazugeben. Mit Wasser bedecken und zugedeckt 15 Minuten garen.

16 Eine Kapern-Vinaigrette zubereiten: 4EL Olivenöl mit 2EL Weinessig, ½TL Kreuzkümmel, 2EL Kapern, etwas Salz und Pfeffer verrühren.

17 Den Rest der gerösteten Mandeln mit einem Messer grob hacken und in ein Glasschälchen geben.

18 Das untere Drittel des grünen Spargels schälen, holzige Enden abschneiden. Jede Stange einmal quer und einmal längs durchschneiden.

Fertig! Alles abkühlen lassen – und dann:

In den Kühlschrank stellen:

- Die rohen grünen Gemüse: die Reste der Erbsen und des Spinats, die geschälten Spargelstangen
- Den Bräter mit dem Kalbskotelett
- Die Hälfte des gekochten Blumenkohls ohne Kochflüssigkeit (4 Tage haltbar)
- Den Brokkoli und die andere Hälfte des Blumenkohls mit der Kochflüssigkeit (4 Tage haltbar)
- Die Makrelen-Rillettes (5 Tage haltbar)
- Den herzhaften Käsekuchen (3 Tage haltbar)
- Den Rest Schnittlauch und Kerbel (1 Woche haltbar)
- Die Kapern-Vinaigrette (1 Woche haltbar)
- Den Rest geräucherte Makrele (in Frischhaltefolie gewickelt)
- Den Rest Feta (in Frischhaltefolie gewickelt)

Bei Zimmertemperatur aufbewahren:

- Die gerösteten Mandeln

In den Gefrierschrank stellen:

- Das Huhn „puttanesca“ in der Auflaufform, abgedeckt mit Frischhaltefolie

Ergebnis
Wochenmenü # 4

Wochenmenü # 4

Montag

Geschmortes Kalbskotelett mit Frühlingsgemüse

Zeit zum Erwärmen:
15 Minuten

Zutaten: der Bräter mit Kotelett und Gemüse, Salz, Pfeffer
Das Gericht bei mittlerer Hitze in 15 Minuten erwärmen. Mit Salz und Pfeffer abschmecken und servieren.

Dienstag

Vorspeise
Blumenkohl mit Kapern-Vinaigrette

Hauptgericht
Herzhafter Käsekuchen

Zeit zum Kochen:
5 Minuten
Zeit zum Fertigstellen und Anrichten:
3 Minuten

Zutaten: der gekochte Blumenkohl, die Kapern-Vinaigrette, 4 Schnittlauchhalme; der herzhafte Käsekuchen, der Behälter mit dem rohen grünen Gemüse, 4 Stängel Kerbel
Den Blumenkohl mit der Vinaigrette übergießen, mit Schnittlauchröllchen bestreuen, alles mischen und servieren. Salzwasser in einem Topf aufkochen. Die Hälfte des Spargels und der Erbsen darin in 5 Minuten bissfest garen. Den Käsekuchen mit gehacktem Kerbel bestreuen und mit dem gekochten Gemüse und ein paar Blättern Babyspinat servieren. Den Rest des rohen Gemüses bis zum Freitag in den Kühlschrank stellen.
Für Mittwoch das Huhn „puttanesca" zum Auftauen aus dem Gefrierschrank nehmen.

Mittwoch

Vorspeise
Rillettes von geräucherter Makrele

Hauptgericht
Huhn „puttanesca" mit Reis

Zeit zum Erwärmen:
10 Minuten
Zeit zum Kochen:
15 Minuten
Zeit zum Fertigstellen und Anrichten:
5 Minuten

Zutaten: die Makrelen-Rillettes, 4 Scheiben Toastbrot, 4 Stängel Kerbel; das Huhn „puttanesca", 250 g Reis
Das Brot im Toaster rösten, in Viertel schneiden und mit den Rillettes bestreichen. Mit gehacktem Kerbel bestreut servieren. Den Backofen auf 180 °C Ober-/Unterhitze vorheizen. Das Huhn im heißen Ofen in 10 Minuten erwärmen. Den Reis in Salzwasser nach Packungsangabe garen und zum Hühnergericht servieren.

Donnerstag

Gewürzbulgur mit Blumenkohl, Brokkoli und Kichererbsen

Zeit zum Kochen:
10 Minuten
Zeit zum Erwärmen:
5 Minuten
Zeit zum Fertigstellen und Anrichten:
3 Minuten

Zutaten: 200 g Bulgur, 1 Dose Kichererbsen, der Blumenkohl und der Brokkoli in der Kochflüssigkeit, die Mandeln, die Hälfte des noch übrigen Schnittlauchs und Kerbels

Den Bulgur nach Packungsangabe garen (im Allgemeinen 10 Minuten in kochendem Salzwasser; bei Instant-Ware ist die Garzeit wesentlich kürzer). Die Kichererbsen abgießen und abspülen. Zu den Blumenkohl- und Brokkoliröschen geben und alles 5 Minuten in der Mikrowelle erhitzen. Die Mischung auf den abgetropften Bulgur geben. Mit den gerösteten Mandeln und Kräutern bestreuen.

Freitag

Tagliatelle mit geräucherter Makrele und Gemüse

Zeit zum Kochen:
15 Minuten
Zeit zum Fertigstellen und Anrichten:
10 Minuten

Zutaten: 250 g Tagliatelle, der Rest der rohen grünen Gemüse, der Rest des geräucherten Makrelenfilets, 1 Bio-Zitrone, der Rest Feta, die Sahne, der Rest Kräuter, Salz, Pfeffer

Salzwasser in einem großen Topf aufkochen. Tagliatelle, Spargelstangen und grüne Erbsen darin garen. 2 Minuten vor dem Ende der Garzeit den Babyspinat hinzufügen. Währenddessen die Makrele in Streifen schneiden. Die Schale der Zitrone abreiben und den Saft auspressen. Den Feta in kleine Würfel schneiden, die Kräuter hacken. Nudeln mit Gemüse abgießen und in eine Schüssel geben. Sahne, Zitronensaft und -schale, Makrelenstreifen, Feta und Kräuter hinzufügen. Alles salzen, pfeffern und mischen.

Sommer

Wochenmenü
#1

Warenkorb

Wochenmenü #1

Wochenmenü #1

Obst und Gemüse

- 4 große oder 8 mittelgroße Fleischtomaten zum Füllen
- 4 Strauchtomaten
- 6 Zucchini
- 1 Aubergine
- 5 rote Paprika
- 3 große Kartoffeln (vorwiegend festkochend)
- 1 Salatgurke
- 1 Zitrone
- 1 Bund Koriandergrün
- 1 Bund Basilikum
- 6 Knoblauchzehen
- 4 Zwiebeln

Basiszutaten

- Kräuter der Provence
- Weinessig
- Olivenöl
- Salz, Pfeffer

Fleisch und Fisch

- 4 große Hühnerkeulen
- 400 g Kalbs- oder Rinderhackfleisch
- 8 dünne Scheiben Schinken nach Wahl (roh oder gekocht, Parma- oder Putenschinken, wahlweise mit Kräutern)

Milchprodukte

- 1 Becher Crème fraîche (200 g)
- 1 Crottin de chèvre (kleiner runder Ziegenkäse, ca. 60 g)
- 1 Packung Feta
- 150 g Mozzarella

Sonstige Lebensmittel

- 2 Böden Pizzateig
- 1 Packung Blätterteig
- 150 g entsteinte schwarze Oliven
- 250 g Reis
- 150 g weiße Quinoa
- 400 g passierte Tomaten
- 1 Packung kurze Nudeln (z. B. Penne)

Menüs

Montag

Vorspeise
Quinoasalat

Hauptgericht
Hühnerkeulen mit Ratatouille

Dienstag

Pizza mit Gemüse und Schinken*

Mittwoch

Nudeln mit Zucchini, Oliven und Hühnerfleisch

Donnerstag

Vorspeise
Teigtaschen mit Ziegenkäse und Ratatouille

Hauptgericht
Gefüllte Tomaten mit Reis

Freitag

Großer Salat aus Nudeln und Sommergemüse

*Für ein Menü ohne Schweinefleisch den Putenschinken wählen.

Zubereitung

Vorbereitungen

1) Alle erforderlichen Zutaten zurechtlegen: ausgenommen Schinken, Blätterteig, Pizzateig, Feta, Mozzarella, Oliven, Reis, passierte Tomaten und Nudeln. So haben Sie alles griffbereit und verlieren keine Zeit bei der Suche der Zutaten im Kühl- oder Vorratsschrank.
2) Alle benötigten Utensilien aus dem Schrank holen:

- 1 Backblech
- 1 Bräter
- 1 Teller
- 1 großer Kochtopf
- 1Pfanne
- 1 Gratinform
- 2 kleine Schalen (z. B. Müslischalen)
- 1 Salatschleuder
- 1 feines Sieb
- 1 Wasserglas von 10-12 cm Durchmesser
- 10 Frischhalteboxen: 2 große, 5 mittelgroße, 3 kleine
- Küchenpapier, Pergamentpapier

Und jetzt wird 1 Stunde 30 Minuten gekocht!

1 Den Backofen auf 200 °C Ober-/Unterhitze vorheizen.

2 Die Zwiebeln und den Knoblauch schälen, fein hacken und getrennt in 2 Schälchen geben.

3 Die Hühnerkeulen kräftig mit den Kräutern der Provence und Salz würzen. Die Keulen auf ein mit Pergamentpapier ausgelegtes Backblech legen und im heißen Ofen 40 Minuten braten.

4 Die Ratatouille zubereiten: In einem Bräter 2 EL Olivenöl erhitzen, darin die Hälfte der Zwiebeln und des Knoblauchs mit 1 TL Salz zugedeckt bei niedriger Hitze andünsten.

5 Währenddessen die Paprika halbieren, putzen, waschen und in kleine Würfel schneiden. 3 Paprika nach und nach in den Bräter geben, die restlichen 2 Paprika in einer Frischhaltebox in den Kühlschrank stellen.

6 Die Zucchini waschen und die Enden abschneiden. Alle in kleine Würfel schneiden. 3 Zucchini nach und nach in den Bräter geben, die anderen 3 in einer Frischhaltebox in den Kühlschrank stellen.

7 Die 4 großen Fleischtomaten waschen und quer durchschneiden, um einen Deckel zu erhalten. Mit einem Löffel aushöhlen und den Inhalt in den Bräter geben. Tomaten von innen salzen, mit der Öffnung nach unten auf einen Teller mit Küchenpapier setzen und abtropfen lassen.

8 Die Aubergine waschen, putzen und in kleine Würfel schneiden. Dann nach und nach in den Bräter geben.

9 Die Kartoffeln schälen und in kleine Würfel schneiden. Ebenfalls nach und nach in den Bräter geben. Alles zugedeckt unter gelegentlichem Umrühren 35 Minuten schmoren.

10 Basilikum und Koriandergrün in der Salatschleuder waschen und trocken schleudern. Das Basilikum und die Hälfte des Koriandergrüns zwischen 2 Lagen Küchenpapier in eine Frischhaltebox legen. Die Kräuter halten sich die ganze Woche im Kühlschrank.

11 Die Füllung für die Tomaten vorbereiten: In einer Pfanne 1 EL Olivenöl erhitzen, darin die übrigen gehackten Zwiebeln, die Hälfte des Knoblauchs und 1 TL Salz 5 Minuten andünsten.

Zubereitung

Währenddessen das restliche Koriandergrün hacken. Hackfleisch und Koriandergrün in die Pfanne geben und unter Rühren 10 Minuten anbraten.

12 1,5 l Salzwasser in einem Topf aufkochen. Die Quinoa waschen und abtropfen lassen.

13 Die Salatgurke schälen und in kleine Würfel schneiden. Die Strauchtomaten waschen und ebenfalls klein würfeln. Beides bis zur Verwendung für den Salat getrennt voneinander in Frischhalteboxen aufbewahren.

14 Die Quinoa im kochenden Salzwasser 15 Minuten garen.

15 Die Tomaten mit der Fleischmasse füllen, in eine Gratinform setzen und die Tomatendeckel darauflegen. Die Hühnerkeulen aus dem Backofen nehmen. Die Tomaten im heißen Ofen 30 Minuten garen. Die Hähnchenkeulen abkühlen lassen.

16 6 EL von der Ratatouille abnehmen und in einem Sieb abtropfen lassen, um so viel Flüssigkeit wie möglich zu entfernen.

17 Das Zitronendressing für den Quinoasalat zubereiten: Den Saft der Zitrone auspressen, mit 2 EL Olivenöl, ½ TL Salz und etwas Pfeffer verrühren.

18 Den Blätterteig ausrollen. Mit einem Wasserglas von etwa 10 cm Durchmesser Teigkreise ausstechen. Den Ziegenkäse in kleine Würfel schneiden und in die Mitte eines jeden Kreises legen. Mit je 1 TL abgetropfter Ratatouille belegen und mit Kräutern der Provence bestreuen. Jedes Teigstück zusammenklappen, damit eine Tasche entsteht. Die Ränder mit den Zinken einer Gabel zusammendrücken. Im heißen Ofen 20 Minuten backen.

19 Die Quinoa abgießen und unter kaltem Wasser abspülen. In eine Frischhaltebox geben.

20 Das Fleisch von 2 Hühnerkeulen ablösen, zerpflücken und in eine Frischhaltebox legen.

Fertig! Alles abkühlen lassen – und dann:

In den Kühlschrank stellen:

- Die gekochte Quinoa (2 Tage haltbar)
- Das Zitronendressing für den Quinoasalat
- Die Behälter mit dem rohen Gemüse: Paprika, Zucchini, Tomaten und Gurke (3 Tage haltbar)
- Die Ratatouille im Bräter (3 Tage haltbar)
- Die beiden übrigen Hühnerkeulen in einer Frischhaltebox (2 Tage haltbar)
- Basilikum und Koriandergrün in einer Frischhaltebox (1 Woche haltbar)
- Den Rest Zwiebeln und Knoblauch, luftdicht verschlossen

In den Gefrierschrank stellen:

- Die Teigtaschen
- Die gefüllten Tomaten
- Die Hühnerfleischstücke

Ergebnis

Wochenmenü #1

Menu #1

Montag

Vorspeise
Quinoasalat

Hauptgericht
Hühnerkeulen mit Ratatouille

Zeit zum Erwärmen:
15 Minuten
Zeit zum Fertigstellen und Anrichten:
2 Minuten

Zutaten: die gekochte Quinoa, das Zitronendressing, die Tomaten-, Gurken- und Paprikawürfel, die Hälfte des Koriandergrüns; der Bräter mit der Ratatouille, die gebratenen Hühnerkeulen

Die Ratatouille im Bräter erwärmen. Die Hühnerkeulen entweder im vorgeheizten Ofen bei 180 °C Ober-/Unterhitze erwärmen oder mit der Ratatouille. Das Koriandergrün fein hacken. In einer Salatschüssel die Quinoa, das Koriandergrün, die Hälfte der Tomaten- und Gurkenwürfel und ein Drittel der Paprikawürfel mit dem Zitronendressing mischen.

Dienstag

Pizza mit Gemüse und Schinken

Zeit zum Kochen:
10 Minuten
Zeit zum Fertigstellen und Anrichten:
6 Minuten

Zutaten: die Pizzaböden, die passierten Tomaten, der Mozzarella, die Zucchini- und Paprikawürfel, ein paar schwarze Oliven (nach Belieben), Kräuter der Provence, die Schinkenscheiben, 2 Stängel Basilikum

Den Backofen auf 210 °C Ober-/Unterhitze vorheizen. Die Pizzaböden ausrollen, mit den passierten Tomaten bestreichen, dabei einen Rand von 2 cm frei lassen. Mit der Hälfte der Zucchini- und Paprikawürfel (den Rest wieder kühl stellen), 1 Prise Kräuter der Provence bestreuen. Einige schwarze Oliven darauf verteilen. Mozzarella (geraspelt oder in feinen Streifen) daraufgeben. Im heißen Ofen 10 Minuten backen. Basilikum waschen und die Blätter abzupfen. Jede Pizza mit 4 Scheiben Schinken und Basilikum belegen und servieren.

Für Mittwoch das Hühnerfleisch aus dem Gefrierschrank nehmen und zum Auftauen in den Kühlschrank stellen.

Mittwoch

Nudeln mit Zucchini, Oliven und Hühnerfleisch

Zeit zum Kochen und Erwärmen:
15 Minuten
Zeit zum Fertigstellen und Anrichten:
2 Minuten

Zutaten: die Packung kurze Nudeln, 1 Handvoll schwarze Oliven, die Zucchiniwürfel, der Rest Knoblauch, das aufgetaute Hühnerfleisch, die Crème fraîche, die Hälfte des Basilikums, Olivenöl, Salz, Pfeffer

Die Nudeln in reichlich kochendem Salzwasser nach Packungsangabe garen. Währenddessen 1 EL Olivenöl in einem Schmortopf erhitzen, darin den Knoblauch und die Zucchini 10 Minuten schmoren. Die Nudeln abgießen. Die Hälfte für den Nudelsalat am Freitag reservieren. In den Schmortopf das Hühnerfleisch, die Crème fraîche, die Oliven und die Nudeln geben und 2 Minuten kochen lassen. Basilikum waschen und die Blätter abzupfen. Den Schmortopf mit Basilikum bestreut servieren.
Für Donnerstag die Teigtaschen und die gefüllten Tomaten aus dem Gefrierschrank nehmen und zum Auftauen in den Kühlschrank stellen.

Donnerstag

Vorspeise
Teigtaschen mit Ziegenkäse und Ratatouille

Hauptgericht
Gefüllte Tomaten mit Reis

Zeit zum Erwärmen:
15 Minuten
Zeit zum Kochen:
10 Minuten

Zutaten: die Teigtaschen mit Ziegenkäse und Ratatouille, die gefüllten Tomaten, 250 g Reis

Den Backofen auf 160 °C Ober-/Unterhitze vorheizen. Teigtaschen und gefüllte Tomaten im heißen Ofen erwärmen. Den Reis nach Packungsangabe garen. Fertig!

Freitag

Großer Salat aus Nudeln und Sommergemüse

Zeit zum Fertigstellen und Anrichten:
5 Minuten

Zutaten: die gekochten Nudeln, die übrigen Tomaten-, Gurken- und Paprikawürfel, der Rest Koriandergrün und Basilikum, der Feta, die restlichen schwarzen Oliven, Olivenöl, Weinessig, Salz, Pfeffer

Den Feta in Würfel schneiden. Koriandergrün und Basilikum fein schneiden. Alle Zutaten in eine Salatschüssel geben. 2 EL Olivenöl mit 1 EL Weinessig, Salz und Pfeffer verrühren und das Dressing untermischen.

Wochenmenü

#2

Warenkorb

Wochenmenü #2

Einkaufsliste

Wochenmenü #2

Obst und Gemüse

- 4 große Auberginen
- 4 Zucchini
- 1,5 kg große Kartoffeln (vorwiegend festkochend)
- 500 g grüne Bohnen (frisch oder TK)
- 250 g Champignons
- 500 g grüne Erbsen (frisch ausgepalt gewogen oder TK)
- 1 Salatgurke
- 1 kleine Schale bunte Kirschtomaten
- 1 Bund Frühlingszwiebeln
- 1 kleiner Beutel gemischter Blattsalat
- 1 Bund Minze
- 1 Bund Dill
- 1 Zitrone
- 3 Knoblauchzehen
- 2 rote Zwiebeln

Basiszutaten

- 180 g Semmelbrösel
- Weinessig
- Olivenöl
- Salz, Pfeffer

Fleisch und Fisch

- 1 kg Rinderhackfleisch
- 4 frische Lachssteaks ohne Haut
- 2 frische Rückenfilets vom Kabeljau (ca. 300 g)

Milchprodukte

- 25 g Butter
- 330 g Sahne
- 1 Packung Feta
- 1 Becher Ricotta
- 1 Beutel geriebener Parmesan (60 g)

Sonstige Lebensmittel

- 4 Eier
- 400 g grüne Linsen
- 250 g Reis
- 1 Dose gehackte Tomaten (ca. 400 g Füllgewicht)
- 250 g passierte Tomaten
- Zimtpulver

Montag

Großer Salat aus Kartoffeln, Lachs, Blattsalaten, Zwiebeln und Gurke

Dienstag

Vorspeise
Griechischer Linsensalat

Hauptgericht
Gefüllte Zucchini

Mittwoch

Moussaka

Donnerstag

Fischfrikassee mit Dill und Reis

Freitag

Vorspeise
Suppe aus grünen Erbsen mit Feta und Minze

Hauptgericht
Linsenbratlinge mit Tomatensoße und grünen Bohnen

Zubereitung
Wochenmenü #2

Vorbereitungen

1) Alle erforderlichen Zutaten zurechtlegen: ausgenommen grüne Bohnen, Kirschtomaten, gemischter Blattsalat, Zitrone, passierte Tomaten und Reis. So haben Sie alles griffbereit und verlieren keine Zeit bei der Suche der Zutaten im Kühl- oder Vorratsschrank.
2) Alle benötigten Utensilien aus dem Schrank holen:
* 2 Backbleche
* 2 kleine Schalen (z. B. Müslischalen)
* 1 Dampfgarer
* 1 große Gratinform
* 1 Schmortopf
* 1 großer Kochtopf
* 1 kleine Pfanne
* 1 Mixer
* 1 Stabmixer
* 1 feines Sieb
* 1 Salatschleuder
* 1 Einmachglas von 1,5 l Inhalt für die Erbsensuppe
* 6 Frischhalteboxen: 3 große, 3 mittelgroße
* Küchenpapier, Pergamentpapier, Frischhaltefolie

Und jetzt wird 2 Stunden gekocht!

1 Den Backofen auf 200 °C Ober-/Unterhitze vorheizen. Die Auberginen waschen, putzen und längs in 2 cm dicke Scheiben schneiden. Die Scheiben auf 2 mit Pergamentpapier ausgelegten Backblechen verteilen und mit etwas Olivenöl beträufeln. Im heißen Ofen 30 Minuten garen.

2 Die Zucchini waschen, putzen und längs halbieren. Das Innere mit einem Löffel herauskratzen. Die Hälften zu den Auberginen auf die Bleche legen und 10 Minuten mitgaren.

3 Den Dill und die Minze 5 Minuten in kaltes Wasser legen, dann trocken schleudern. Jeweils die Hälfte der Kräuter zwischen 2 Lagen Küchenpapier in einer Frischhaltebox in den Kühlschrank stellen. Jeweils die andere Hälfte fein hacken und getrennt in 2 Schälchen geben.

4 Die Kartoffeln schälen und im Dampfgarer 20 Minuten kochen, bis sie gar sind. Die roten Zwiebeln schälen, 1 ½ in kleine Würfel und ½ Zwiebel in sehr dünne Streifen schneiden.

5 Wasser in einem großen Topf aufkochen. Währenddessen den Knoblauch schälen, fein hacken und zur Seite stellen. Die Linsen in einem feinen Sieb abspülen, dann im kochenden Wasser nach Packungsangabe garen. Die Linsen am Ende der Garzeit salzen, dann abgießen und abkühlen lassen.

6 In einem Schmortopf 2 EL Olivenöl erhitzen, darin zwei Drittel der roten Zwiebelwürfel und die Hälfte des gehackten Knoblauchs mit etwas Salz 5 Minuten dünsten.

7 Währenddessen die Gurke schälen, in kleine Würfel schneiden und in eine Frischhaltebox füllen.

8 Zwei Drittel des Hackfleischs in den Schmortopf geben und unter Rühren 10 Minuten anbraten. Aus dem restlichen Fleisch eine Farce für die Zucchini herstellen: Das Fleisch mit 1 Ei, 30 g Semmelbröseln, der Hälfte der übrigen Knoblauch- und Zwiebelwürfel, 2 EL gehackter Minze, Salz und Pfeffer vermischen.

9 Die vorgegarten Zucchini mit der Masse füllen, mit der Hälfte des Parmesans bestreuen und im heißen Ofen 15 Minuten backen.

10 Die gehackten Tomaten, ¼ TL Zimtpulver und etwas Salz in den Schmortopf mit dem angebratenen Hackfleisch geben. Alles 20 Minuten bei niedriger Hitze köcheln lassen.

11 Die gegarten Kartoffeln schneiden: ein Viertel in Scheiben und die übrigen in grobe Würfel.

Zubereitung

Wochenmenü #2

12 Die Cremesoße für die Moussaka zubereiten: Die Hälfte des Ricottas mit 2 Eiern, 50 g zerbröckeltem Feta und 2 EL Parmesan mischen.

13 Ein Drittel der Auberginenscheiben und die Kartoffelscheiben in die Gratinform legen. Die Hälfte der Tomaten-Fleischsoße daraufgeben. Ein weiteres Drittel der Auberginenscheiben und den Rest der Fleischsoße obenauf geben. Zuletzt die übrigen Auberginenscheiben darauflegen und mit der Cremesoße bedecken. Im heißen Ofen 25 Minuten backen, bis die Oberfläche goldbraun ist.

14 Die Frühlingszwiebeln putzen, waschen und in feine Ringe schneiden. Die Champignons putzen, trocken abreiben und halbieren.

15 Den Schmortopf auswaschen. 25 g Butter darin zerlassen, darin die Hälfte der Frühlingszwiebeln und die Pilze mit ½ TL Salz 2 Minuten andünsten. Den gehackten Dill, die Sahne, 1 Handvoll Erbsen und ½ Glas Wasser hinzufügen. Alles bei niedriger Hitze 5 Minuten köcheln lassen.

16 Währenddessen Kabeljau und Lachs in große Würfel schneiden. Beides in den Schmortopf geben und weitere 5 Minuten mitgaren.

17 Die Linsenbratlinge zubereiten: Im Mixer die Hälfte der gekochten Linsen mit dem Rest Ricotta, 1 Ei, dem Rest Zwiebeln und Knoblauch, 125 g Semmelbröseln und 1 EL gehackter Minze durchmixen. Die Masse salzen und pfeffern, dann daraus mit nassen Händen Bratlinge formen. 1 EL Olivenöl in einer Pfanne erhitzen, darin die Bratlinge von allen Seiten in 10 Minuten goldbraun braten.

18 Währenddessen 1 l Salzwasser aufkochen. Inzwischen den Rest der gekochten Linsen mit den roten Zwiebelstreifen in eine Frischhaltebox geben.

19 Die Erbsen und die Hälfte der übrigen Frühlingszwiebeln im Salzwasser bei niedriger Hitze 15 Minuten kochen. 1 Handvoll Kartoffelwürfel, den Rest gehackte Minze und 40 g Feta hinzufügen. Dann mit dem Stabmixer durchmixen und durch ein feines Sieb gießen. In ein Einmachglas füllen, dabei genügend Platz bis zum Rand lassen.

20 Aus dem Topf mit dem Fischfrikassee die Hälfte der Lachswürfel nehmen. Mit übrigen Kartoffelwürfeln und restlichen Frühlingszwiebelringen in eine große Frischhaltebox legen.

Fertig! Alles abkühlen lassen – und dann:

In den Kühlschrank stellen:

* Die Gurkenwürfel (halten sich 1 Woche)
* Die Box mit dem Rest Linsen und roten Zwiebelstreifen
* Die Box mit den Kartoffel- und Lachswürfeln und den Frühlingszwiebeln (halten sich 2 Tage)
* Die gefüllten Zucchini, wenn sie innerhalb von 2 Tagen verzehrt werden
* Dill und Minze im luftdicht geschlossenen Behälter (1 Woche haltbar)

In den Gefrierschrank stellen:

* Die gefüllten Zucchini, wenn sie später als 2 Tage nach der Zubereitung verzehrt werden
* Die Erbsensuppe
* Die Linsenbratlinge
* Die Moussaka in der Gratinform, abgedeckt mit Frischhaltefolie
* Das Fischfrikassee

Ergebnis

Wochenmenü #2

GREENPAN

Wochenmenü #2

Montag

Großer Salat aus Kartoffeln, Lachs, Blattsalaten, Zwiebeln und Gurke

Zeit zum Fertigstellen und Anrichten:
5 Minuten

Zutaten: die Box mit den Kartoffelwürfeln, dem Lachs und den Zwiebeln, der Beutel Blattsalate, die Hälfte der Gurkenwürfel, die Hälfte des übrigen Dills, die Zitrone, Olivenöl, Salz, Pfeffer

Das Salatdressing zubereiten: Den Saft der Zitrone auspressen. In einer großen Salatschüssel mit 3 EL Olivenöl, ½ TL Salz und etwas Pfeffer verrühren. Alle vorbereiteten Zutaten dazugeben und unter das Dressing mischen.

Für Dienstag die gefüllten Zucchini aus dem Gefrierschrank nehmen und zum Auftauen in den Kühlschrank stellen.

Zeit zum Erwärmen:
15 Minuten
Zeit zum Fertigstellen und Anrichten:
10 Minuten

Dienstag

Vorspeise
Griechischer Linsensalat

Hauptgericht
Gefüllte Zucchini

Zutaten: die gefüllten Zucchini, die Kirschtomaten, die gekochten Linsen mit den roten Zwiebelstreifen, der Rest Gurkenwürfel, der Feta, die Minze, Olivenöl, Essig, Salz, Pfeffer

In einer Salatschüssel 3 EL Olivenöl mit 1 EL Essig, 1 TL Salz und 1 Prise Pfeffer verrühren. Die Kirschtomaten waschen und halbieren. Drei Viertel des restlichen Fetas würfeln und den Rest in den Kühlschrank legen. Drei Viertel der Minze fein schneiden, den Rest ebenfalls kalt stellen. Die Tomaten, die Linsen, die roten Zwiebelstreifen, die Gurkenwürfel, den Feta und die Hälfte der fein geschnittenen Minze mit dem Dressing in der Schüssel mischen. Die übrige Minze über die erwärmten Zucchini streuen.

Für Mittwoch die Moussaka aus dem Gefrierschrank nehmen und zum Auftauen in den Kühlschrank stellen.

Mittwoch

Moussaka

Zeit zum Erwärmen:
15 Minuten

Zutaten: die Moussaka
Den Backofen auf 160 °C Ober-/Unterhitze vorheizen. Die Moussaka im heißen Ofen erwärmen und servieren.
Für Donnerstag das Fischfrikassee aus dem Gefrierschrank nehmen und zum Auftauen in den Kühlschrank stellen.

Donnerstag

Fischfrikassee mit Dill und Reis

Zeit zum Erwärmen:
10 Minuten
Zeit zum Kochen:
15 Minuten
Zeit zum Fertigstellen und Anrichten:
3 Minuten

Zutaten: das aufgetaute Fischfrikassee, 250 g Reis, der Rest Dill
Das Frikassee in einem Topf bei niedriger Hitze in 10 Minuten langsam erwärmen. Währenddessen den Reis nach Packungsangabe garen. Den Fisch mit gehacktem Dill bestreuen und servieren.
Für Freitag die Erbsensuppe und die Linsenbratlinge aus dem Gefrierschrank nehmen und zum Auftauen in den Kühlschrank stellen.

Freitag

Vorspeise
Suppe aus grünen Erbsen mit Feta und Minze

Hauptgericht
Linsenbratlinge mit Tomatensoße und grünen Bohnen

Zeit zum Erwärmen:
10 Minuten
Zeit zum Kochen:
15 Minuten
Zeit zum Fertigstellen und Anrichten:
10 Minuten

Zutaten: die Suppe, die Bratlinge, die passierten Tomaten, der Rest Feta, die übrige fein geschnittene Minze, Salz, Pfeffer, die grünen Bohnen
Die Suppe in einem Topf erwärmen, dann mit zerkrümeltem Feta, etwas Pfeffer und Minze bestreuen und servieren. Die grünen Bohnen putzen und in 1,5 l kochendem Salzwasser garen. Die passierten Tomaten in einem Topf mit ½ TL Salz und 1 Prise Pfeffer offen 5 Minuten einkochen lassen. Die Bratlinge dazugeben und in 5 Minuten erhitzen. Mit den Bohnen servieren.

Wochenmenü

#3

Warenkorb

Wochenmenü #3

Einkaufsliste

Wochenmenü #3

Obst und Gemüse

- 3 Auberginen
- 800 g große Kartoffeln (vorwiegend festkochend)
- 2 rote Paprika
- 2 gelbe Paprika
- 2 grüne Paprika
- 4 Zucchini
- 1 Schale Kirschtomaten
- 1 kleiner Beutel Rucola
- 1 Bund Koriandergrün
- 1 Bund Basilikum
- 1 kleine Zitrone
- 6 Knoblauchzehen
- 4 Zwiebeln
- 1 Stück frischer Ingwer (ca. 3 cm)

Basiszutaten

- Muskatnuss
- Olivenöl
- Salz, Pfeffer

Fleisch und Fisch

- 8 Merguez (scharfe nordafrikanische Lammbratwürste; in Spezialgeschäften für arabische Lebensmittel und in großen Supermärkten erhältlich)
- 8 Scheiben Bresaola (luftgetrocknetes italienisches Rindfleisch; aus dem italienischen Feinkostgeschäft)
- 4 Hühnerbrustfilets

Milchprodukte

- 1 Kugel Mozzarella
- 250 g Sahne

Sonstige Lebensmittel

- 6 Eier
- 1 großes Sauerteig-Mischbrot
- 250 g Spaghetti
- 250 g Zartweizen (z. B. Ebly)
- 250 g Couscous
- Sojasoße
- flüssiger Honig
- Tahin (Sesampaste)
- gemahlener Kreuzkümmel
- gemahlener Koriander

Montag

Schaschlik vom Huhn, Zartweizen mit gebratenem Gemüse

Dienstag

Couscous mit Merguez

Mittwoch

Vorspeise
Auberginenkaviar

Hauptgericht
Spanisches Kartoffelomelett aus dem Ofen

Donnerstag

Sommerliche Bruschetta

Freitag

Vorspeise
Mit Olivenöl und Knoblauch marinierte Paprika

Hauptgericht
Spaghetti auf tunesische Art

Zubereitung

Wochenmenü #3

Vorbereitungen

1) Alle erforderlichen Zutaten zurechtlegen: ausgenommen Rucola, Bresaola, Mozzarella, Spaghetti, Zartweizen und Couscous. So haben Sie alles griffbereit und verlieren keine Zeit bei der Suche der Zutaten im Kühl- oder Vorratsschrank.
2) Alle benötigten Utensilien aus dem Schrank holen:

* 2 große Backbleche
* 1 runde Kuchenform
* 1 Mixer
* 1 große Schüssel
* 1 Salatschleuder
* 1 Schneebesen
* 1 Bratpfanne
* 4 Schaschlikspieße
* 4 Frischhalteboxen: 3 große, 1 mittelgroße
* 2 Gefrierbeutel
* Küchenpapier, Pergamentpapier, Frischhaltefolie

Und jetzt wird 1 Stunde 45 Minuten gekocht!

1 Den Backofen auf Grillfunktion einstellen und auf 200 °C vorheizen. Rote, gelbe und grüne Paprika halbieren putzen und waschen. 2 Auberginen waschen und putzen. Ein Backblech mit Pergamentpapier auslegen, 2 Auberginen und die Paprikahälften (mit der Hautseite nach oben) darauflegen und im heißen Ofen 30 Minuten grillen.

2 Die Zucchini, die übrige Aubergine und die Kirschtomaten waschen und abtrocknen. Die Kartoffeln, Zwiebeln und den Knoblauch schälen.

3 Die Zucchini und Aubergine putzen und in Würfel schneiden. Die Zwiebeln in feine Scheiben

schneiden, den Knoblauch grob hacken. Die Kartoffeln waschen und in dünne Scheiben schneiden.

4 Das Koriandergrün und Basilikum 5 Minuten in kaltes Wasser legen, dann trocken schleudern. Die Kräuter zwischen 2 Lagen Küchenpapier in eine Frischhaltebox legen.

5 Die Auberginen und Paprikahälften aus dem Ofen nehmen und auf einem Teller abkühlen lassen.

6 2 Backbleche mit Pergamentpapier auslegen. Auf das erste die Kartoffelscheiben und je ein Viertel der folgenden Zutaten geben: Zucchini, Kirschtomaten, Zwiebeln und Knoblauch. Auf das zweite Blech den Rest dieser Zutaten geben, außer der Hälfte des übrigen Knoblauchs. Das Gemüse jeweils mit 2 EL Olivenöl beträufeln, salzen, pfeffern und mischen. Im heißen Ofen bei 200 °C Ober-/Unterhitze 30 Minuten braten.

7 Die Marinade für das Schaschlik zubereiten: Den Ingwer schälen und fein reiben. 4 EL Sojasoße mit 1 EL Olivenöl, 1 EL Honig, dem Ingwer und einem Drittel des restlichen Knoblauchs in einer großen Frischhaltebox verrühren. Die Hühnerbrustfilets in gleichmäßige Stücke schneiden und unter die Marinade mischen. Die Box fest verschließen.

8 Den Saft der Zitrone auspressen. Das Fleisch der gegrillten Auberginen aus der Haut kratzen. Mit der Hälfte des restlichen Knoblauchs, dem Zitronensaft, 1 EL Tahin, ½ TL Kreuzkümmel, 1 TL Salz, 1 Prise Pfeffer und 1 EL Olivenöl im Mixer pürieren. In eine Servierschale füllen und mit Frischhaltefolie abdecken.

Zubereitung

Wochenmenü #3

9 Die Paprikahälften häuten und in Streifen schneiden. Die grünen Paprikastreifen für die Spaghetti auf tunesische Art beiseitelegen. Die Hälfte der roten und gelben Streifen in eine Servierschale geben, mit 3 EL Olivenöl, übrigem Knoblauch und 1 TL Salz mischen. Mit Frischhaltefolie abdecken. Den Rest der Paprikastreifen in Würfel schneiden.

10 In einer großen Schüssel 6 Eier mit einem Schneebesen verquirlen und die Sahne unterschlagen. Salzen, pfeffern und mit 1 Prise frisch geriebenem Muskat würzen.

11 Die Kuchenform einölen, besonders an den Rändern. Aus Pergamentpapier einen Kreis im Durchmesser des Kuchenformbodens ausschneiden und hineinlegen. Darauf das Gemüse und die Kartoffeln aus dem Ofen geben und mit der Eiermasse bedecken. Im heißen Ofen bei 180 °C Ober-/Unterhitze 30 Minuten backen.

12 4 Merguez in etwa 1 cm dicke Scheiben schneiden. Eine Bratpfanne ohne Fett erhitzen, darin die ganzen Merguez und Merguezscheiben braten. Die ganzen Würste herausnehmen. Die grünen Paprikastreifen in die Pfanne geben und mitbraten, bis die Flüssigkeit verdampft ist. Dann in eine Box geben.

13 In diese Box die Kirschtomaten und etwas von dem gebratenen Gemüse geben. Den Rest des

gebratenen Gemüses und die 4 ganzen Merguez in eine große Frischhaltebox füllen.

<u>14</u> Das Sauerteigbrot in Scheiben schneiden. Für die Bruschette 8 Scheiben aus der Mitte zum Einfrieren in einen Gefrierbeutel legen; die kleineren Scheiben (zum Auberginenkaviar) in einen anderen Gefrierbeutel legen.

Fertig! Alles abkühlen lassen – und dann:

In den Kühlschrank stellen:

* Der Auberginenkaviar (1 Woche haltbar)
* Die marinierten Paprikastreifen (1 Woche haltbar)
* Das marinierte Hühnerfleisch (2 Tage haltbar)
* Das im Ofen gebratene Gemüse mit den 4 vorgegarten ganzen Merguez (3 Tage haltbar)
* Basilikum und Koriandergrün in einer luftdicht verschließbaren Box (1 Woche haltbar)

In den Gefrierschrank stellen:

* Die Brotscheiben
* Das Kartoffelomelett in der Backform, abgedeckt mit Frischhaltefolie
* Die Paprika-Tomaten-Mischung mit den Merguezscheiben

Ergebnis

Woch … #3

Wochenmenü #3

Montag

Schaschlik vom Huhn, Zartweizen mit gebratenem Gemüse

Zeit zum Erwärmen:
10 Minuten
Zeit zum Kochen:
15 Minuten
Zeit zum Fertigstellen und Anrichten:
1 Minuten

Zutaten: das marinierte Hühnerfleisch, 250 g Zartweizen, (z. B. Ebly), die Hälfte des gebratenen Gemüses, Salz, Pfeffer, die Hälfte des Basilikums

Zartweizen nach Packungsangabe garen. Das Gemüse erwärmen. Die Fleischwürfel auf 4 lange Holzspieße stecken und 10 Minuten braten – in der Pfanne, im Backofen mit Grilleinstellung oder auf dem Elektrogrill. Das Basilikum fein schneiden. Das Gemüse mit dem Weizen mischen, salzen, pfeffern und mit Basilikum bestreuen.

Dienstag

Couscous mit Merguez

Zeit zum Erwärmen:
15 Minuten
Zeit zum Kochen:
5 Minuten
Zeit zum Fertigstellen und Anrichten:
1 Minute

Zutaten: der Rest gebratenes Gemüse mit den 4 ganzen Merguez, 250 g Couscous, die Hälfte des Koriandergrüns, ½ TL gemahlener Koriander

Den Couscous nach Packungsangabe garen. In einer Pfanne die Merguez ohne Fett erwärmen, dann warm stellen. In dieselbe Pfanne das Gemüse, 1 Glas Wasser und den gemahlenen Koriander geben und 5 Minuten kochen lassen. Koriandergrün fein schneiden. Gemüse damit bestreuen und zu dem Couscous und den Merguez servieren.

Für Mittwoch das Kartoffelomelett und die Endstücke des Brots aus dem Gefrierschrank nehmen und zum Auftauen in den Kühlschrank stellen.

Mittwoch

Vorspeise
Auberginenkaviar

Hauptgericht
Spanisches Kartoffelomelett aus dem Ofen

Zeit zum Erwärmen:
15 Minuten

Zutaten: das Omelett, drei Viertel des Auberginenkaviars, die kleineren Brotscheiben, 2 Stängel Koriandergrün

Den Backofen auf 160 °C Ober-/Unterhitze vorheizen. Das Omelett im heißen Ofen erwärmen. Das Brot toasten. Koriandergrün fein schneiden. Das Brot mit dem Auberginenkaviar und Koriandergrün servieren. Den Rest Auberginenkaviar für die Bruschetta am Donnerstag in den Kühlschrank stellen.

Für Donnerstag die 8 großen Brotscheiben aus dem Gefrierschrank nehmen und zum Auftauen in den Kühlschrank legen.

Donnerstag

Sommerliche Bruschetta

Zeit zum Kochen:
15 Minuten
Zeit zum Fertigstellen und Anrichten:
7 Minuten

Zutaten: die 8 großen Brotscheiben, der Rest Auberginenkaviar, 16 marinierte Paprikastreifen, der Mozzarella, die Bresaola, der Beutel Rucola, 2 Stängel Basilikum, Olivenöl

Den Backofen auf 200 °C Ober-/Unterhitze vorheizen. Die Brotscheiben auf dem Blech im Ofen 4 Minuten rösten. Mozzarella in 16 kleine Stücke schneiden. Jede Brotscheibe mit 1 TL Auberginenkaviar bestreichen, je 2 Streifen Paprika und 2 Mozzarellastücke darauflegen und 1 weitere Minute im Ofen rösten, bis der Käse schmilzt. Mit Bresaola, Rucola und Basilikum belegen und mit etwas Olivenöl beträufeln.

Für Freitag den Behälter mit der grünen Paprika, den Tomaten und den Merguezscheiben aus dem Gefrierschrank nehmen und zum Auftauen in den Kühlschrank stellen.

Freitag

Vorspeise

Mit Olivenöl und Knoblauch marinierte Paprika

Hauptgericht

Spaghetti auf tunesische Art

Zeit zum Erwärmen:
15 Minuten
Zeit zum Kochen:
15 Minuten
Zeit zum Fertigstellen und Anrichten:
5 Minuten

Zutaten: die marinierten Paprika, 250 g Spaghetti, die Box mit dem Gemüse, den Tomaten und den Merguezscheiben, den Rest Basilikum und Koriandergrün, Salz, Pfeffer

Die Basilikumblätter abzupfen. Die marinierten Paprika salzen, pfeffern und mit Basilikum bestreuen und servieren. Spaghetti nach Packungsangabe al dente garen. Die Marinade der eingelegten Paprika in einem Schmortopf erhitzen, darin Tomaten, Gemüse und Merguezscheiben erwärmen. Koriandergrün fein schneiden. Spaghetti unter die Gemüsemischung heben und mit Koriandergrün bestreuen.

Wochenmenü

#4

Warenkorb

Wochenmenü #4

Einkaufsliste

Wochenmenü #4

Obst und Gemüse

* 4 Zucchini
* 1 große Ananas
* 3 Avocados, die bis Freitag reif sein sollten
* 2 Salatgurken
* 3 nicht zu reife Tomaten
* 250 g gepalte grüne Erbsen
* 1 Kopfsalat
* 1 kleine Zitrone
* 2 Bund Frühlingszwiebeln
* 1 Bund Minze
* 6 Knoblauchzehen
* 1 Stück frischer Ingwer (ca. 5 cm)

Basiszutaten

* 1 Päckchen Backpulver
* Ketchup
* Maisstärke
* Olivenöl
* Salz, Pfeffer

Fleisch und Fisch

* 20 rohe TK-Garnelen (ohne Schale)
* 150 g gekochter Schinken oder geräucherte Putenbrust (gewürfelt)
* 150 g geräuchertes Lachsfilet (am Stück)

Milchprodukte

* 400 g griechischer Joghurt
* 800 g Sahne
* 1 gereifter Ziegenweichkäse (100–150 g)
* 25 g Butter

Sonstige Lebensmittel

* 6 Eier
* 1 Platte Mürbeteig
* 4 Burgerbrötchen
* 200 g Farfalle (Schmetterlingsnudeln)
* 250 g Weizenmehl
* 150 g Vollkornreis
* 1 kleine Dose Mais
* 1 große Dose Thunfisch (ca. 250 g Abtropfgewicht)
* 1 Dose Kichererbsen
* 1 Glas Artischockenherzen
* Kräuter der Provence
* Sojasoße

Montag

Vorspeise
Zucchini-Gazpacho

Hauptgericht
Thunfisch-Tomaten-Quiche

Dienstag

Gebratener Reis mit Garnelen und Ananas

Mittwoch

Vorspeise
Zaziki

Hauptgericht
Zucchinikuchen mit Schinken*

Donnerstag

Kichererbsenburger

Freitag

Salat aus Farfalle und Räucherlachs

*Für ein Menü ohne Schweinefleisch den Schinken durch geräucherte Putenbrust ersetzen.

Zubereitung

Vorbereitungen

1) Alle erforderlichen Zutaten zurechtlegen: ausgenommen Avocados, 2 Tomaten, Zitrone, 1 Knoblauchzehe, TK-Garnelen, Räucherlachs, griechischer Joghurt, Burgerbrötchen, Mais und Artischockenherzen. So haben Sie alles griffbereit und verlieren keine Zeit bei der Suche der Zutaten im Kühl- oder Vorratsschrank.

2) Alle benötigten Utensilien aus dem Schrank holen:

- 1 Tarteform
- 1 Küchenreibe
- 1 Sieb
- Hülsenfrüchte oder Keramikkugeln zum Blindbacken
- 1 große Schüssel
- 1 Kochtopf
- 1 Kastenform
- 1 große Bratpfanne
- 1 Standmixer (oder Küchenmaschine)
- 1 Stabmixer
- 1 Salatschleuder
- 5 Frischhalteboxen: 1 große, 2 mittelgroße, 2 kleine
- 1 Einmachglas oder 1 Glasflasche mit 1,5 l Inhalt (für die Suppe)
- Küchenpapier, Pergamentpapier, Alufolie

Und jetzt wird 2 Stunden 45 Minuten gekocht!

1 Den Backofen auf 180 °C Ober-/Unterhitze vorheizen. Die Tarteform mit Butter ausfetten und den Mürbeteig hineinlegen, dabei an den Rändern fest andrücken. Den Teigboden mit einer Gabel mehrmals einstechen. 1 Bogen Pergamentpapier mit dem Durchmesser der Form zuschneiden, auf den Teigboden legen und mit Hülsenfrüchten oder Keramikkugeln bedecken. Den Teigboden im heißen Ofen 30 Minuten vorbacken.

2 Die Salatgurken schälen, längs halbieren, die Hälften entkernen und grob raspeln. Die Gurkenraspel in ein Sieb geben, reichlich salzen, Wasser ziehen und abtropfen lassen.

3 Die Frühlingszwiebeln putzen, waschen, in feine Ringe schneiden und beiseitestellen.

4 Den Belag für die Quiche zubereiten: In einer großen Schüssel 3 Eier mit 400 g Sahne, ½ TL Salz und etwas Pfeffer verquirlen. 2 EL Frühlingszwiebelringe, den zerpflückten Thunfisch und ein Drittel der grünen Erbsen hinzufügen. 1 Tomate waschen und in Scheiben schneiden. Hülsenfrüchte oder Keramikkugeln entfernen. Die Eiermasse auf den Teigboden gießen und mit den Tomatenscheiben belegen. Im heißen Ofen (Mitte) 30 Minuten backen. Die Schüssel auswaschen.

5 500 ml Salzwasser in einem Kochtopf aufkochen.

6 5 Knoblauchzehen schälen und fein hacken. Die Zucchini waschen und die Enden abschneiden. 3 Zucchini in grobe Stücke schneiden, die übrige inkleine Würfel.

7 Die groben Zucchinistücke in den Topf mit dem Salzwasser geben und 10 Minuten kochen.

8 Den Kopfsalat putzen, in Blätter teilen und in der Salatschleuder waschen. Die groben äußeren Blätter zu den Zucchinistücken in den Topf geben. Den übrigen Salat trocken schleudern und zwischen mehreren Lagen Küchenpapier in eine Frischhaltebox legen.

9 Die Minze waschen, trocken schleudern, fein schneiden und beiseitelegen.

10 In den Topf mit den Zucchini und Salatblättern 2 EL Frühlingszwiebelringe, ½ TL Knoblauch, 1 EL Minze und 200 g Sahne geben und durchmixen. Die Suppe in eine Flasche oder ein Einmachglas füllen.

11 In einer Bratpfanne 1 EL Olivenöl erhitzen, darin 2 EL Frühlingszwiebelringe, ½ TL Knoblauch, die kleinen Zucchiniwürfel und ½ TL Salz offen braten, bis die Flüssigkeit verdampft ist. Abkühlen lassen.

Zubereitung

12 Den Kuchenteig zubereiten: In einer großen Schüssel 3 Eier mit 3 EL Olivenöl und dem Rest Sahne verquirlen. Das Mehl mit dem Backpulver mischen und nach und nach dazugeben und untermischen. Die Schinkenwürfel, den in kleine Stücke geschnittenen Ziegenkäse, 1 EL Minze, die gebratene Zucchini-Zwiebel-Mischung, 1 TL Salz und 1 TL Kräuter der Provence unterziehen. Die Kastenform ausfetten. Den Teig in die Form füllen und im heißen Ofen (unten) 1 Stunde backen. Nach 10 Minuten den Kuchen längs leicht einschneiden, damit er gleichmäßig aufgeht.

13 Den Vollkornreis waschen und nach Packungsangabe garen, dann abgießen.

14 Die Kichererbsen-Patties zubereiten: Kichererbsen abtropfen lassen. Mit 1 EL Frühlingszwiebelringen, etwas Knoblauch, 1 TL Olivenöl und 2 EL Maisstärke im Mixer zu einer festen Masse verarbeiten. Daraus 4 Patties in der Größe der Brötchen formen. Öl erhitzen, darin die Patties auf jeder Seite 2 Minuten braten.

15 Die Ananas mit einem großen Sägemesser längs halbieren. Das Fruchtfleisch mit einem kleinen Messer aus der Schale schneiden, ohne diese zu verletzen. Den harten Strunk in der Fruchtfleischmitte herausschneiden und wegwerfen. Das Fruchtfleisch würfeln.

16 In einer Pfanne 1 EL Olivenöl erhitzen, die Hälfte der übrigen Frühlingszwiebeln, den Rest Knoblauch und die übrigen grünen Erbsen hinzufügen. Den Ingwer schälen und über den Pfanneninhalt reiben. 1 EL Sojasoße dazugeben und alles 2 Minuten kochen lassen. Den Reis und die Ananasstücke hinzufügen und alles weitere 5 Minuten kochen lassen.

Fertig! Alles abkühlen lassen – und dann:

In den Kühlschrank stellen:

- Den Rest Frühlingszwiebelringe (1 Woche haltbar)
- Den Rest geschnittene Minze (1 Woche haltbar)
- Die abgetropften Gurkenraspel (1 Woche haltbar)
- Die gewaschenen Salatblätter (1 Woche haltbar)
- Den Zucchini-Gazpacho (2 Tage haltbar)
- Die Thunfischquiche (2 Tage haltbar)
- Die ausgehöhlten Ananashälften, auf einem Teller und mit Alufolie bedeckt (4 Tage haltbar)
- Den gebratenen Reis mit Ananas und Erbsen (3 Tage haltbar)

In den Gefrierschrank stellen

- Den Zucchini-Schinken-Kuchen in der Form

Ergebnis

Wochenmenü #4

Wochenmenü #4

Montag

Vorspeise
Zucchini-Gazpacho

Hauptgericht
Thunfisch-Tomaten-Quiche

Zeit zum Erwärmen:
10 Minuten

Zutaten: der Gazpacho, die Quiche, einige Salatblätter
Den Gazpacho gut gekühlt servieren. Den Backofen auf 180 °C Ober-/Unterhitze vorheizen. Die Quiche im heißen Ofen in 10 Minuten erwärmen. Mit ein paar Salatblättern servieren.

Dienstag

Gebratener Reis mit Garnelen und Ananas

Zeit zum Kochen und Erwärmen:
10 Minuten
Zeit zum Fertigstellen und Anrichten:
1 Minute

Zutaten: die Ananasschalen, der gebratene Reis, die TK-Garnelen, der Rest Frühlingszwiebelringe, Olivenöl
1 EL Olivenöl in einer Pfanne oder einem Schmortopf erhitzen, darin die Garnelen mit etwas Salz auf jeder Seite 2 Minuten braten. Den gebratenen Reis hinzufügen und alles in 5 Minuten erwärmen. In den Ananasschalen servieren und mit Frühlingszwiebeln bestreuen.
Für Mittwoch den Zucchinikuchen aus dem Gefrierschrank nehmen und zum Auftauen in den Kühlschrank stellen.

Mittwoch

Vorspeise
Zaziki

Hauptgericht
Zucchinikuchen mit Schinken

Zeit zum Erwärmen:
15 Minuten
Zeit zum Fertigstellen und Anrichten:
5 Minuten

Zutaten: der Kuchen, der griechische Joghurt, zwei Drittel der Gurkenraspel, der Rest fein geschnittene Minze, 1 Knoblauchzehe, Saft von ½ Zitrone, Salz, Pfeffer
Die Gurkenraspel, den Joghurt, den Rest Minze, den Knoblauch (evtl. durch eine Presse drücken) und den Zitronensaft in einer Servierschüssel vermischen. Mit Salz und Pfeffer würzen. 4 EL Zaziki abnehmen und bis zum nächsten Tag in den Kühlschrank stellen. Die zweite Zitronenhälfte in Frischhaltefolie wickeln. Den Backofen auf 180 °C Ober-/Unterhitze vorheizen. Den Zucchinikuchen im heißen Ofen erwärmen, dann aus der Form stürzen und servieren.

Donnerstag

Kichererbsenburger

Zeit zum Erwärmen:
5 Minuten
Zeit zum Fertigstellen und Anrichten:
10 Minuten

Zutaten: die Burgerbrötchen, das Ketchup, der Rest Zaziki, die Kichererbsen-Patties, 1 Tomate, 4 Salatblätter

Die Brötchen im Toaster oder Backofen rösten. Die Patties in der Pfanne erwärmen. Die Tomate in Scheiben, die Salatblätter in Streifen schneiden. Auf die unteren Brötchenhälften etwas Ketchup, einige Salatstreifen, je 1 Pattie, 1 TL Zaziki und 1–2 Tomatenscheiben geben. Die obere Brötchenhälfte darauflegen – fertig!

Freitag

Salat aus Farfalle und Räucherlachs

Zeit zum Kochen:
15 Minuten
Zeit zum Fertigstellen und Anrichten:
10 Minuten

Zutaten: 200 g Farfalle, 1 Tomate, der Rest Gurkenraspel, der Rest Salatblätter, die Avocados, der Räucherlachs, der Mais, die Artischockenherzen, 3 EL Olivenöl, die übrige Zitronenhälfte, Salz, Pfeffer

Die Nudeln nach Packungsangabe garen. Währenddessen die Avocados schälen, die Tomate waschen und beides würfeln. Den Lachs in Würfel schneiden. Die Artischockenherzen halbieren oder vierteln. Die Salatblätter in Streifen schneiden. Die Nudeln abgießen und kalt abschrecken. In einer großen Schüssel das Olivenöl mit dem Zitronensaft, Salz und Pfeffer verrühren. Alle Salatzutaten mit dem Salatdressing mischen.

HERBST

Wochenmenü
#1

Warenkorb

Wochenmenü #1

Einkaufsliste

Wochenmenü #1

Obst und Gemüse

- 1 Butternut-Kürbis (ca. 1,5–2 kg; wahlweise eine andere Kürbissorte)
- 6 Möhren
- 1 Stange Staudensellerie
- 1,5 kg Kartoffeln (vorwiegend festkochend)
- 1 großer Beutel Feldsalat (3–4 Tage haltbar)
- 1 großer Beutel Spinat
- 1 Bund glatte Petersilie
- 1 Bund Koriandergrün
- 2 Knoblauchzehen
- 5 Zwiebeln
- 1 Zitrone
- 1 Limette
- 1 Stück frischer Ingwer (ca. 3 cm)
- 1 Bund Frühlingszwiebeln
- 1 kleine Salatgurke oder Gärtnergurke
- 1 kleiner grüner Apfel (z.B. Granny Smith)

Basiszutaten

- Semmelbrösel
- 2 Lorbeerblätter
- Aceto balsamico
- Olivenöl
- Salz, Pfeffer

Fleisch und Fisch

- 150 g gewürfelter Räucherspeck oder 2 Blöcke Räuchertofu
- 2 Ochsenbacken (vom Metzger würfeln lassen) oder ein anderes Stück Rindfleisch zum Schmoren (z. B. vom Bug)
- 1 Packung Rindercarpaccio (ca. 200 g, mindestens 6 Tage haltbar)

Milchprodukte

- 500 g Sahne
- 1 kleiner Beutel geriebener Parmesan

Sonstige Lebensmittel

- 1 kleine Dose Kichererbsen
- Tahin (Sesampaste) oder Sesamöl
- Kreuzkümmel
- 4 Fladenbrote
- 100 g Cashewkerne
- 250 g Thai-Reis
- 1 Vakuumpackung geschälte Maronen
- 2 Dosen gehackte Tomaten (ca. 800 g Füllgewicht)
- 1 Glas Rotwein
- 1 Packung kleine Nudeln
- 1 Packung Reisnudeln
- 2 Würfel Rinderbrühe
- 2 Sternanis
- 1 kleine Flasche Fischsoße
- 2 kleine Bird's Eye Chilis (oder 1 Prise Chilipulver)

Montag

Geschmorte Ochsenbacken mit Nudeln

Dienstag

Vorspeise
Hummus mit Gemüsestiften und Fladenbrot

Hauptgericht
Kürbis-Maronen-Suppe mit Speck oder Räuchertofu

Mittwoch

Vorspeise
Salat aus Feldsalat, grünem Apfel und Cashewkernen

Hauptgericht
Fleisch-Kartoffelpüree-Auflauf

Donnerstag

Gebratener Reis mit Kürbis, Spinat und Cashewkernen

Freitag

Vietnamesische Phô-Suppe

Zubereitung

Vorbereitungen

1) Alle erforderlichen Zutaten zurechtlegen: ausgenommen Feldsalat, Limette, Apfel, Speckwürfel, Fladenbrote, Nudeln, Reisnudeln, Fischsoße und Essig. So haben Sie alles griffbereit und verlieren keine Zeit bei der Suche der Zutaten im Kühl- oder Vorratsschrank.
2) Alle benötigten Utensilien aus dem Schrank holen:

- 1 ofenfester Bräter
- 1 Backblech
- 1 Schraubglas für die Cashewkerne
- 1 große Gratinform
- 1 großer Kochtopf
- 1 Schmortopf oder 1 große Pfanne
- 1 Stabmixer
- 1 Standmixer (oder Küchenmaschine)
- 1 Salatschleuder
- 1 Kartoffelpresse
- 4 Frischhalteboxen: 3 große, 1 mittelgroße
- 1 Einmachglas von 1,5 l Inhalt für die Brühe der Phô-Suppe
- 1 Servierschüssel für den Hummus
- Küchenpapier, Frischhaltefolie

Und jetzt wird 2 Stunden gekocht!

1 Den Backofen auf 180 °C Ober-/Unterhitze vorheizen.

2 Die Zwiebeln schälen und in feine Scheiben schneiden. Ein Drittel davon beiseitestellen. Die Möhren putzen und schälen, je 3 in kleine Würfel und in Stifte schneiden. Die Gurke schälen und ebenfalls in Stifte schneiden. Die Gemüsestifte in einer Frischhaltebox in den Kühlschrank stellen. Den Staudensellerie waschen, putzen und in Würfel schneiden.

3 In dem Bräter 4 EL Olivenöl erhitzen, darin zwei Drittel der Zwiebelscheiben, die Möhren- und Selleriewürfel, etwas Salz bei mittlerer Hitze in 5 Minuten goldbraun andünsten. Die Fleischwürfel hinzufügen und von allen Seiten anbraten. Den Rotwein angießen und etwas einkochen lassen. 1 Chilischote

(oder ¼ TL Chilipulver), die Lorbeerblätter und Salz hinzufügen. Die gehackten Tomaten dazugeben und unterrühren. Das Gericht zugedeckt im heißen Ofen (unten) 2 Stunden schmoren. (Falls der Bräter nicht ofenfest ist, kann auch auf der Herdplatte geschmort werden.) Dabei ab und zu kontrollieren, ob das Fleisch immer gut mit Soße bedeckt ist.

4 Die Kartoffeln schälen und 20 Minuten garen, bis sie weich sind.

5 Den Reis abspülen und in dem großen Topf nach Packungsangabe bissfest garen.

6 Währenddessen die Cashewkerne auf ein Backblech geben und im heißen Ofen (oben) 5 Minuten rösten. Nach der Hälfte der Zeit einmal durchmischen. Cashewkerne abkühlen lassen und in ein Schraubglas füllen.

7 Den Knoblauch schälen und fein hacken.

8 Den Reis abgießen und abkühlen lassen. Den Topf auswaschen und für die Suppe 1,5 l Wasser darin aufkochen.

9 Den Kürbis schälen, halbieren und entkernen. Die Hälften in kleine Würfel schneiden, ein Viertel davon für den Donnerstag reservieren. Den Rest in den Topf mit Wasser geben und 20 Minuten kochen.

10 Die Kräuter in kaltem Wasser waschen, trocken schleudern und zwischen 2 Lagen Küchenpapier in eine Frischhaltebox legen.

11 Die Frühlingszwiebeln putzen, waschen und in feine Ringe schneiden. In eine gläserne Frischhaltebox legen.

12 Die Kartoffeln abgießen und durch die Kartoffelpresse drücken. Mit 250 g Sahne, der Hälfte des Parmesans und etwas gehacktem Knoblauch zu Püree verarbeiten.

Zubereitung

13 Den Kürbis abgießen, dabei das Kochwasser zum Verdünnen der Suppe auffangen. Die Kürbisstücke mit etwas Kochwasser, dem Rest der Sahne, den Maronen, Salz und Pfeffer mit dem Stabmixer pürieren. Eventuell etwas Kochwasser bis zur gewünschten Konsistenz unterrühren. Den Stabmixer reinigen.

14 Die Brühe für die Phô-Suppe zubereiten: Den Ingwer schälen und in Scheiben schneiden. 1,5 l Wasser mit den Brühwürfeln, den Sternanisen, den Ingwerscheiben und 1 Chilischote aufkochen. Den Topf vom Herd nehmen, die Chilischote entfernen und die Brühe abkühlen lassen.

15 In einem Schmortopf oder einer großen Pfanne etwas Olivenöl erhitzen, den Rest der fein geschnittenen Zwiebeln und die Hälfte des gehackten Knoblauchs darin anbraten. Den Rest Kürbiswürfel dazugeben. Wenn sie zu bräunen beginnen, etwa 1 Schöpfkelle von der Phô-Brühe dazugießen und zugedeckt bei niedriger Hitze 10 Minuten köcheln lassen. Den Spinat putzen, waschen, dazugeben und zusammenfallen lassen. Den gekochten Reis hinzufügen und den Topf sofort vom Herd nehmen. Abkühlen lassen.

16 Den Hummus zubereiten: Den Saft der Zitrone auspressen. Mit Kichererbsen, 1 EL Tahin, 1 TL Kreuzkümmel, dem Rest Knoblauch, 2 EL Olivenöl (oder Sesamöl, falls keine Tahin im Haus ist), Salz und Pfeffer im Mixer zu einer Paste verarbeiten. In eine Servierschüssel füllen.

17 Den Bräter aus dem Ofen nehmen. Die Hälfte des Fleisches und die entsprechende Menge Soße mit dem Stabmixer grob zerkleinern und in die Gratinform füllen. Den Bräter wieder in den Ofen stellen. Das gehackte Fleisch mit dem Kartoffelpüree bedecken, mit Semmelbröseln bestreuen. Im heißen Ofen (oben) 10 Minuten backen (das Gericht wird beim Aufwärmen noch nachgaren).

Fertig! Alles abkühlen lassen – und dann:

In den Kühlschrank stellen:

- Den Bräter mit den Ochsenbacken (2 Tage haltbar)
- Die Kürbis-Maronen-Suppe, wenn sie innerhalb von 2 Tagen verzehrt wird
- Den Hummus (bis zu 5 Tagen haltbar)
- Die Gemüsestifte (bis zu 5 Tagen haltbar)
- Die Kräuter (1 Woche haltbar)

In den Gefrierschrank stellen:

- Die Kürbis-Maronen-Suppe, wenn sie später als 2 Tage nach der Zubereitung verzehrt werden soll
- Die Phô-Brühe in einem Einmachglas (nicht bis zum Rand füllen!)
- Den gebratenen Reis
- Den Fleisch-Kartoffelpüree-Auflauf in der Gratinform, abgedeckt mit Frischhaltefolie
- Die Frühlingszwiebelringe

Ergebnis

Wochenmenü #1

Wochenmenü #1

Montag

Geschmorte Ochsenbacken mit Nudeln

Zeit zum Erwärmen:
15 Minuten
Zeit zum Kochen:
15 Minuten
Zeit zum Fertigstellen und Anrichten:
2 Minuten

Zutaten: die Ochsenbacken mit Soße, 400 g kurze Nudeln, der Rest geriebener Parmesan, 4 Stängel glatte Petersilie, Salz, Pfeffer

Die Ochsenbacken erwärmen. Gleichzeitig die Nudeln nach Packungsangabe garen. Das Fleisch mit der Soße mit Salz und Pfeffer abschmecken und auf die Nudeln geben, mit Parmesan und fein geschnittener Petersilie bestreuen.

Für Dienstag die Kürbis-Maronen-Suppe aus dem Gefrierschrank nehmen und zum Auftauen in den Kühlschrank stellen.

Dienstag

Vorspeise

Hummus mit Gemüsestiften und Fladenbrot

Hauptgericht

Kürbis-Maronen-Suppe mit Speck

(oder Räuchertofu)

Zeit zum Erwärmen:
10 Minuten
Zeit zum Kochen:
5 Minuten
Zeit zum Fertigstellen und Anrichten:
5 Minuten

Zutaten: der Hummus, die Möhren- und Gurkenstifte, die Fladenbrote, die Kürbis-Maronen-Suppe, die Speckwürfel (oder der Räuchertofu), 2 Stängel Koriandergrün, Salz, Pfeffer

Das Koriandergrün fein schneiden und über den Hummus streuen. Die Fladenbrote im Toaster aufbacken.
Die Suppe erwärmen. In einer Pfanne die Speckwürfel goldbraun werden lassen (oder den gewürfelten Räuchertofu in etwas Olivenöl braten). Über jede Portion Suppe geben.

Für Mittwoch den Fleisch-Kartoffelpüree-Auflauf aus dem Gefrierschrank nehmen und zum Auftauen in den Kühlschrank stellen.

Zeit zum Erwärmen:
15 Minuten
Zeit zum Fertigstellen und Anrichten:
5 Minuten

Mittwoch

Vorspeise
Salat aus Feldsalat, grünem Apfel und Cashewkernen

Hauptgericht
Fleisch-Kartoffelpüree-Auflauf

Zutaten: der Auflauf, der Feldsalat, der Apfel, die Hälfte der gerösteten Cashewkerne, 4 Stängel Petersilie oder Koriandergrün (oder eine Mischung aus beiden Kräutern), 3 EL Olivenöl, 3 EL Aceto balsamico, Salz, Pfeffer

Den Backofen auf 180 °C Ober-/Unterhitze vorheizen. Den Feldsalat waschen und trocken schleudern. Den Apfel waschen, entkernen und in Stifte schneiden. In einer Schüssel das Olivenöl mit dem Essig, Salz und Pfeffer verrühren. Die Apfelstifte, die gehackten Kräuter und den Feldsalat hinzufügen und alles mischen. Mit den Cashewkernen bestreuen. Den Auflauf im heißen Ofen erwärmen.

Für Donnerstag den gebratenen Reis aus dem Gefrierschrank nehmen und zum Auftauen in den Kühlschrank stellen.

Donnerstag

Gebratener Reis mit Kürbis, Spinat und Cashewkernen

Zeit zum Erwärmen:
10 Minuten
Zeit zum Fertigstellen und Anrichten:
1 Minute

Zutaten: der gebratene Reis, der Rest Cashewkerne, 4 Stängel Koriandergrün

Den Reis erwärmen und mit den Cashewkernen und dem fein geschnittenen Koriandergrün bestreuen.

Für Freitag die Brühe für die Phô-Suppe und die geschnittenen Frühlingszwiebeln aus dem Gefrierschrank nehmen und zum Auftauen in den Kühlschrank stellen.

Zeit zum Kochen:
5 Minuten
Zeit zum Fertigstellen und Anrichten:
5 Minuten

Freitag

Vietnamesische Phô-Suppe

Zutaten: die Brühe, die Frühlingszwiebeln, 200 g Reisnudeln, das Carpaccio, 1 Limette, ½ Bund Koriandergrün, 4 EL Fischsoße

Die Brühe aufkochen, den Topf vom Herd nehmen und die Reisnudeln darin nach Packungsangabe weich garen. Währenddessen das Carpaccio in Scheiben teilen und mit den Zwiebeln, dem Saft der Limette und der Fischsoße in die wieder erhitzte Brühe geben. Die Suppe mit fein geschnittenem Koriandergrün bestreuen und servieren.

Wochenmenü

#2

Warenkorb

Wochenmenü #2

Einkaufsliste

Wochenmenü #2

Obst und Gemüse

- 3 mittelgroße Süßkartoffeln
- 1 kg Kartoffeln (vorwiegend festkochend)
- 1 großer Blumenkohl
- 1 kleiner Beutel Rucola (4–5 Tage haltbar)
- 1 Chinakohl (wahlweise Eisbergsalat)
- 1 Schale Kirschtomaten
- 1 Bund glatte Petersilie
- 1 Bund Schnittlauch
- 2 Zwiebeln
- 8 Knoblauchzehen
- 1 Bio-Zitrone
- 1 Stück frischer Ingwer (ca. 5 cm)
- 500 g kleine Champignons

Basiszutaten

- Currypulver
- Muskatnuss
- Kräuter der Provence
- Senf
- Olivenöl
- Salz, Pfeffer

Fleisch und Fisch

- 1 Packung gekochte geschälte Garnelen (ca. 12 Stück; 1–2 Tage haltbar)
- 400 g Hühnerbrustfilet
- 4 Scheiben gekochter Schinken (oder geräucherte Putenbrust)
- 400 g Kabeljau-Rückenfilet (frisch oder TK)

Milchprodukte

- 500 g Sahne
- 500 g Crème fraîche
- 1 l Vollmilch
- 1 Packung kleine Mozzarella-Kugeln (ca. 150 g Abtropfgewicht)
- 1 kleiner Beutel geriebener Parmesan
- 1 kleines Stück Parmesan
- 30 g Butter

Sonstige Lebensmittel

- 6 Eier
- 200 g Basmatireis
- 1 Packung Linguine oder Spaghetti
- 250 g Instant-Polenta
- 1 Dose gehackte Tomaten (ca. 400 g Füllgewicht)
- 1 kleines Glas Tomatensoße
- 1 Dose Kokosmilch (400 g oder 500 g)

Montag

Vorspeise
Blumenkohlcremesuppe mit gebratenen Garnelen

Hauptgericht
Polenta-Pizza mit Champignons

Dienstag

Süßkartoffelcurry mit Huhn***

Mittwoch

Gratin aus Blumenkohl, Kartoffeln und Schinken*

Donnerstag

Vorspeise
Salat aus Chinakohl, gekochten Eiern, Tomaten mit Sahnedressing

Hauptgericht
Linguine** mit Knoblauch-Cremesoße, Rucola, Walnusskernen und Parmesanspänen

Freitag

Auflauf aus Kabeljau und Süßkartoffelpüree**

* Für ein Menü ohne Schweinefleisch den Schinken durch geräucherte Putenbrust ersetzen.
** Für ein glutenfreies Menü Nudeln ohne Gluten wählen.
*** Wer nicht gern Süßkartoffeln isst, kann sie zur Hälfte ersetzen durch: Möhren (im Curry) oder Kartoffeln (im Auflauf mit Fisch). An der Zubereitung ändert sich nichts.

Zubereitung

Vorbereitungen

1) Alle erforderlichen Zutaten zurechtlegen: ausgenommen Rucola, Chinakohl, Tomaten, Garnelen, das Stück Parmesan, Reis und Nudeln. So haben Sie alles griffbereit und verlieren keine Zeit bei der Suche der Zutaten im Kühl- oder Vorratsschrank.

2) Alle benötigten Utensilien aus dem Schrank holen:

* 2 kleine Backbleche oder viereckige Gratinformen
* 1 Bratpfanne
* 1 großer Kochtopf
* 1 Dampfgarer oder 1 Topf mit Dämpfeinsatz
* 1 kleine Pfanne
* 1 Schmortopf
* 1 kleine Küchenreibe
* 1 Stabmixer
* 1 Salatschleuder
* 1 Kartoffelpresse
* 1 Schälchen
* 1 Schraubglas für die Knoblauch-Cremesoße
* 1 großes Einmachglas (1,5 l Inhalt) für die Blumenkohlsuppe
* 5 Frischhalteboxen: 2 große, 3 kleine
* Küchenpapier, Pergamentpapier, Frischhaltefolie, Alufolie

Und jetzt wird 2 Stunden 10 Minuten gekocht!

1 Salzwasser in einem großen Topf aufkochen. Den Blumenkohl waschen, putzen, in Röschen teilen und 15 Minuten kochen lassen.

2 Die Kartoffeln und Süßkartoffeln schälen und waschen. Die Süßkartoffeln in große Würfel und die Kartoffeln in dünne Scheiben schneiden. In den Dampfgarer zuerst die Süßkartoffeln und darauf die Kartoffeln legen. Dann etwa 15 Minuten dämpfen; sie sollen noch etwas Biss haben.

3 Den Backofen auf 200 °C Ober-/Unterhitze vorheizen. Den Blumenkohl abgießen. Die Hälfte der Röschen beiseitelegen und die andere Hälfte mit 200 g Sahne pürieren. 2 Gläser Wasser hinzufügen, um eine samtige Konsistenz zu erreichen. Alles salzen, pfeffern und in ein großes Einmachglas füllen. Die andere Hälfte des Blumenkohls mit dem

Stabmixer grob mixen. Mit 1 EL Crème fraîche, etwas Muskat, Salz und Pfeffer mischen. Den Schinken würfeln und hinzufügen.

4 Die Hälfte der Kartoffelscheiben auf den Boden eines kleinen Backblechs (oder einer Gratinform) legen. Die Blumenkohl-Schinken-Mischung daraufgeben, mit einem Viertel des geriebenen Parmesans bestreuen. Das Gratin im heißen Ofen 20 Minuten backen.

5 Die Kabeljaufilets auf das zweite kleine Backblech legen, salzen und 3 Minuten (TK-Fisch 5 Minuten) in der Mikrowelle vorgaren (oder doppelt so lange im Backofen).

6 Währenddessen Petersilie und Schnittlauch in kaltem Wasser waschen und trocken schleudern. Drei Viertel des Schnittlauchs in Röllchen schneiden und in ein Schälchen geben. Den Rest Schnittlauch und die Petersilie zwischen 2 Lagen Küchenpapier in einen luftdicht verschließbaren Behälter legen.

7 Den Kabeljau aus der entstandenen Flüssigkeit nehmen, zerpflücken und auf dem Boden einer Gratinform verteilen. Die Bio-Zitrone waschen und die Schale abreiben. Zitronenschale, 3 EL Crème fraîche, Schnittlauchröllchen und Pfeffer nach Geschmack hinzufügen und alles mischen.

8 Die Eier in 8 Minuten hartkochen.

9 Den Rest der gekochten Kartoffeln und die Hälfte der Süßkartoffeln durch die Kartoffelpresse drücken. Den Rest der Crème fraîche, Salz und Pfeffer dazugeben, alles mischen und das Püree auf dem Kabeljau verteilen.

10 Die gekochten Eier kalt abschrecken.

Zubereitung

Wochenmenü #2

11 Die Polenta zubereiten: In einem großen Topf die Milch mit ½ TL Salz aufkochen. Die Polenta nach und nach einrieseln lassen. Die Hitze reduzieren und die Polenta unter ständigem Rühren 1 Minute kochen lassen. Die Butter und den Rest geriebenen Parmesan untermischen und die Polenta abkühlen lassen.

12 Währenddessen den Knoblauch und die Zwiebeln schälen und hacken. Die Champignons putzen, trocken abreiben und je nach Größe halbieren oder vierteln.

13 In einer Pfanne 2 EL Olivenöl erhitzen. Gehackten Knoblauch (etwa 2 Zehen) mit den Champignons und etwa ½ TL Salz bei mittlerer Hitze 5 Minuten braten, bis die Flüssigkeit verdampft ist. ½ Bund Petersilie waschen, trocken schleudern, fein schneiden und hinzufügen.

14 Währenddessen einen Bogen Pergamentpapier auf ein Backblech legen und für den Pizzaboden mit Polenta bestreichen, dabei ein 1,5 cm dickes Oval formen. Mit Tomatensoße bestreichen und einen 2 cm breiten Rand freilassen. Mit den Mozzarellakugeln und den gebratenen Champignos belegen und 1 EL Kräuter der Provence darüberstreuen. Im heißen Ofen 5 Minuten backen.

15 In einem Schmortopf 2 EL Olivenöl erhitzen, ein Viertel des übrigen Knoblauchs, die gehackten Zwiebeln, etwas Salz und 1 EL Currypulver 5 Minuten darin andünsten. Den Ingwer schälen und klein hacken, drei Viertel davon in den Schmortopf geben und den Rest mit einem Viertel des übrigen Knoblauchs in einem luftdicht verschließbaren Behälter kühl stellen. Die Hühnerbrustfilets in mundgerechte Würfel schneiden, in den Topf geben und Farbe annehmen lassen. Die gehackten Tomaten

und die Kokosmilch dazugießen und alles 15 Minuten köcheln lassen.

16 Währenddessen die Walnusskerne auf einem Blech im noch warmen abgeschalteten Backofen 5 Minuten rösten. In einer kleinen Pfanne 2 EL Olivenöl erhitzen, den Rest Knoblauch mit ½ TL Salz darin goldbraun anbraten. 200 g Sahne dazugeben und offen 2 Minuten einkochen lassen und in ein Schraubglas gießen.

17 Das Sahnedressing für den Chinakohlsalat zubereiten: Den Saft der Bio-Zitrone auspressen. Mit 1 TL Senf und ½ TL Salz verrühren und nach und nach den Rest Sahne unterrühren.

18 Die restlichen Süßkartoffelwürfel unter das Curry heben.

Fertig! Alles abkühlen lassen – und dann:

In den Kühlschrank stellen:

* Die Blumenkohlsuppe (2 Tage haltbar)
* Die Polenta-Pizza, möglichst auf dem Backblech, abgedeckt mit Alufolie (2 Tage haltbar)
* Das Süßkartoffelcurry mit Huhn (2 Tage haltbar)
* Die gekochten Eier (5 Tage haltbar)
* Das Sahnedressing
* Den Rest Petersilie und Schnittlauch
* Das Ingwer-Petersilien-Gemisch

In den Gefrierschrank stellen:

* Das Currygericht, wenn es nach mehr als 2 Tagen verzehrt werden soll
* Das Blumenkohlgratin in der Form, abgedeckt mit Frischhaltefolie
* Die Knoblauch-Cremesoße
* Den Kabeljau-Püree-Auflauf in der Form, abgedeckt mit Frischhaltefolie

Ergebnis
Wochenmenü #2

Wochenmenü #2

Montag

Vorspeise

Blumenkohlcremesuppe mit gebratenen Garnelen

Hauptgericht

Polenta-Pizza mit Champignos

Zeit zum Erwärmen:
10 Minuten
Zeit zum Kochen:
2 Minuten
Zeit zum Fertigstellen und Anrichten:
2 Minuten

Zutaten: die Blumenkohlcremesuppe, die Garnelen, das Ingwer-Petersilien-Gemisch, 3 Stängel Petersilie, Olivenöl, die Polenta-Pizza, Salz, Pfeffer

Den Backofen auf 160 °C Ober-/Unterhitze vorheizen. Die Polenta-Pizza im heißen Ofen erwärmen.Die Suppe in einen Topf gießen und unter Rühren erwärmen. In einer kleinen Pfanne 1 EL Olivenöl erhitzen. Knoblauch und Ingwer darin anbraten, die fein geschnittene Petersilie und die Garnelen dazugeben und in 1–2 Minuten goldbraun braten. Die Suppe in Suppenschüsseln füllen und die Garnelen darauf verteilen.

Für Dienstag evtl. das Süßkartoffelcurry aus dem Gefrierschrank nehmen und zum Auftauen in den Kühlschrank stellen.

Dienstag

Süßkartoffelcurry mit Huhn

Zeit zum Erwärmen:
15 Minuten
Zeit zum Kochen:
10 Minuten
Zeit zum Fertigstellen und Anrichten:
3 Minuten

Zutaten: das Currygericht, 200 g Basmatireis, der Rest Schnittlauch, Salz, Pfeffer

Das Curry erwärmen. Den Reis kalt abspülen und nach Packungsangabe garen. Mit Schnittlauchröllchen bestreut servieren.

Für Mittwoch das Blumenkohl-Kartoffel-Gratin aus dem Gefrierschrank nehmen und zum Auftauen in den Kühlschrank stellen.

Zeit zum Erwärmen:
15 Minuten

Mittwoch

Gratin aus Blumenkohl, Kartoffeln und Schinken

Zutaten: das Blumenkohlgratin
Den Backofen auf 150 °C Ober-/Unterhitze vorheizen. Das Gratin im heißen Ofen erwärmen.
Für Donnerstag die Knoblauch-Cremesoße aus dem Gefrierschrank nehmen und zum Auftauen in den Kühlschrank stellen.

Donnerstag

Vorspeise
Salat aus Chinakohl, gekochten Eiern, Tomaten mit Sahnedressing

Hauptgericht
Linguine mit Knoblauch-Cremesoße, Rucola, Walnusskernen und Parmesanspänen

Zeit zum Erwärmen:
5 Minuten
Zeit zum Kochen:
15 Minuten
Zeit zum Fertigstellen und Anrichten:
10 Minuten

Zutaten: der Chinakohl oder Eisbergsalat, die Kirschtomaten, die gekochten Eier, der Rest Petersilie, das Sahnedressing; 400 g Linguine oder Spaghetti, die Knoblauch-Cremesoße, der Rucola, die gerösteten Walnusskerne, das Stück Parmesan, Olivenöl, Salz, Pfeffer
Die Nudeln nach Packungsangabe garen. Die Knoblauch-Cremesoße erwärmen.
Währenddessen die Eier pellen und vierteln. Kirschtomaten waschen und vierteln. Chinakohl oder Eisbergsalat waschen, putzen und in feine Streifen schneiden. Auf einer großen Servierplatte verteilen. Eier- und Tomatenviertel darauflegen, die Petersilie fein schneiden und darüberstreuen. Mit dem Sahnedressing übergießen.
Den Rucola verlesen, waschen und grob schneiden. Nudeln mit Knoblauch-Cremesoße mischen und mit Rucola bedecken, alles pfeffern. Mit Walnusskernen und Parmesanspänen (mit dem Sparschäler geschnitten) bestreuen und mit etwas Olivenöl beträufeln.
Für Freitag den Kabeljau-Püree-Auflauf aus dem Gefrierschrank nehmen und zum Auftauen in den Kühlschrank stellen.

Zeit zum Erwärmen:
15 Minuten

Freitag

Auflauf aus Kabeljau und Süßkartoffelpüree

Zutaten: der Auflauf aus Kabeljau und Süßkartoffelpüree
Den Backofen auf 160 °C Ober-/Unterhitze vorheizen. Den Auflauf im heißen Ofen erwärmen. Fertig!

Wochenmenü

#3

Warenkorb

Wochenmenü #3

Einkaufsliste

Wochenmenü #3

Obst und Gemüse

- ✱ 1 Chicorée
- ✱ 6 Kartoffeln (vorwiegend festkochend)
- ✱ 1 kg gehackter TK-Spinat
- ✱ 2 kleine Quitten
- ✱ 1,2 kg weiße Rübchen
- ✱ 4 Möhren
- ✱ 2 Stangen Lauch
- ✱ 1 Bund Koriandergrün
- ✱ 1 Bund Schnittlauch
- ✱ 5 Knoblauchzehen
- ✱ 5 Zwiebeln
- ✱ 2 rote Zwiebeln
- ✱ 1 Bio-Zitrone

Basiszutaten

- ✱ 80 g Mehl
- ✱ Kartoffel- oder Maisstärke
- ✱ Muskatnuss
- ✱ Olivenöl
- ✱ Salz, Pfeffer

Fleisch und Fisch

- ✱ 1 kg Lammschulter (vom Metzger entbeint und gewürfelt)
- ✱ 2 Lachsfilets (frisch oder TK)
- ✱ 4 Scheiben Räucherlachs
- ✱ 150 g Speckwürfel oder 200 g Räuchertofu

Milchprodukte

- ✱ 1 l Vollmilch
- ✱ 300 g Frischkäse
- ✱ 1 Rolle Ziegenkäse
- ✱ 125 g Butter
- ✱ 250 g Sahne

Sonstige Lebensmittel

- ✱ 1 Dose Thunfisch
- ✱ 1 kleine Dose Kichererbsen
- ✱ 200 g Couscous
- ✱ 1 Packung Mürbeteig
- ✱ 1 Packung frische Lasagneblätter
- ✱ 6 EL Honig
- ✱ gemahlener Kreuzkümmel
- ✱ Zimtpulver
- ✱ Ras el Hanout (Gewürzmischung)

Montag

Vorspeise
Chicoréeschiffchen mit Thunfisch-Rillettes

Hauptgericht
„Tarte Tatin“ von weißen Rübchen mit Honig und Ziegenkäse

Dienstag

Lammtajine (marokkanisches Schmorgericht) mit Quitten

Mittwoch

Vorspeise
Spinatcremesuppe mit Frischkäse

Hauptgericht
Gratin aus Kartoffeln, Lauch, Zwiebeln und Speck*

Donnerstag

Lammköfte mit orientalischer Gemüsepfanne

Freitag

Lasagne mit Lachs und Spinat

* Für ein Menü ohne Schweinefleisch den Speck durch Räuchertofu ersetzen.

Zubereitung
Wochenmenü #3

Vorbereitungen

1) Alle erforderlichen Zutaten zurechtlegen: ausgenommen Chicorée und Couscous. So haben Sie alles griffbereit und verlieren keine Zeit bei der Suche nach Zutaten im Kühl- oder Vorratsschrank.
2) Alle benötigten Utensilien aus dem Schrank holen:

* 2 große eckige Gratinformen
* 1 großer Schmortopf
* 1 großer Kochtopf
* 1 Bräter
* 1 runde Tarteform
* 1 kleine Küchenreibe
* 1 Schneebesen
* 1 Küchenmaschine mit Mixfunktion (zur Herstellung von Hackfleisch)
* 1 Stabmixer
* 1 große Schüssel
* 1 kleinere Schüssel für die Rillettes
* 1 Einmachglas von 1,5 l Inhalt
* 2 Frischhalteboxen: 1 große, 1 kleine
* Pergamentpapier, Frischhaltefolie, Alufolie, Küchenpapier

Und jetzt wird 2 Stunden gekocht!

1 Alle Zwiebeln und Knoblauchzehen schälen, grob hacken und getrennt in Schälchen bereitstellen. Schnittlauch und Koriandergrün in kaltem Wasser waschen und abtrocknen.

2 In einem Bräter 20 g Butter mit 1 EL Olivenöl zerlassen. Die Hälfte der gelben Zwiebeln, die Hälfte des Knoblauchs, ½ TL Kreuzkümmel, ½ TL Zimtpulver und 1 TL Salz hinzufügen und 2 Minuten andünsten. Die Lammfleischwürfel und 3 EL Honig dazugeben, umrühren und mit 200 ml Wasser aufgießen. Alles aufkochen, dann zugedeckt bei niedriger Hitze 1 Stunde schmoren.

3 Währenddessen die Kartoffeln, die Rübchen, die Möhren und die Quitten schälen und waschen. 3 Kartoffeln in Scheiben und 2 in grobe Würfel schneiden. Den Lauch putzen, waschen und fein schneiden.

4 In einem großen Schmortopf 2 EL Olivenöl erhitzen, darin den Rest der gelben Zwiebeln, den Lauch, die Kartoffelscheiben und 1 TL Salz zugedeckt bei niedriger Hitze 30 Minuten dünsten, dabei ab und zu umrühren, damit nichts anbrennt.

5 Eine Béchamelsoße (für 2 Gerichte) zubereiten: In einem großen Topf 80 g Butter zerlassen. 80 g Mehl dazugeben und mit einem Schneebesen umrühren, bis die Butter mit dem Mehl verbunden ist. Die kalte Milch auf einmal dazugießen und alles unter ständigem Rühren bei mittlerer Hitze etwa 10 Minuten kochen, bis eine dickliche Soße entsteht. Den Topf vom Herd nehmen. Die Soße mit 1 TL Salz, Pfeffer nach Geschmack und Muskat würzen und beiseitestellen.

6 Den Backofen auf 180 °C Ober-/Unterhitze vorheizen. Den großen Topf auswaschen, zur Hälfte mit Wasser füllen. Das Wasser salzen und aufkochen. Währenddessen die Quitten vierteln und vom Kerngehäuse befreien.

7 Die Rübchen in das kochende Salzwasser geben und 15 Minuten kochen. Die Quittenviertel in große Stücke schneiden und beiseitestellen.

8 Das Gemisch aus gedünsteten Zwiebeln, Kartoffeln und Lauch in eine große Gratinform füllen. Im selben Schmortopf (Auswaschen nicht nötig) die Speck- oder Tofuwürfel bei hoher Hitze 2 Minuten braten und in die Gratinform geben. Die Sahne hinzufügen und alles mischen. Mit einem Drittel der Béchamelsoße bedecken. Im heißen Ofen 30 Minuten backen.

9 Die Rübchen abgießen, mit kaltem Wasser abschrecken und vierteln. Die Quittenstücke in den Bräter mit dem Lammfleisch geben und alles weitere 20 Minuten garen.

10 Den großen Schmortopf auswaschen. 25 g Butter mit 1 EL Olivenöl zerlassen, darin 3 EL Honig und drei Viertel der Rübchen zugedeckt 15 Minuten schmoren; nach der Hälfte der Garzeit einmal

Zubereitung
Wochenmenü #3

wenden. Die Rübchen offen in weiteren 10 Minuten karamellisieren lassen, bis die Flüssigkeit verdampft ist.

11 Währenddessen den TK-Spinat in eine Schüssel geben und in der Mikrowelle auftauen. Die gewürfelten Kartoffeln in 350 ml kochendem Salzwasser 10 Minuten kochen. Ein Drittel des aufgetauten Spinats hinzufügen. Den Rest Spinat salzen. Die Lachsfilets würfeln, den Räucherlachs in kleine Stücke schneiden. Die Bio-Zitrone waschen, die Schale abreiben und etwas Saft auspressen.

12 Den Boden einer runden Tarteform mit passend zugeschnittenem Pergamentpapier auslegen. Mit den Rübchen kreisförmig dicht belegen und den Ziegenkäse in Stückchen darüber verteilen. Den Mürbeteig darauflegen und an den Rändern nach unten hin andrücken. Mit einer Gabel mehrmals einstechen, damit während des Backens Dampf entweichen kann. Im heißen Ofen 25 Minuten backen.

13 In die zweite Gratinform eine dünne Schicht Béchamelsoße und eine Lage Lasagneblätter geben. Mit einem Drittel des übrigen Spinats bedecken, ein Drittel der beiden Lachssorten (roh und geräuchert), etwas Zitronensaft und etwas Béchamelsoße geben. So fortfahren, bis diese Zutaten aufgebraucht sind. Im heißen Ofen (unten unter der Rübchentarte) 30 Minuten backen.

14 In dem Schmortopf, in dem die Rübchen gegart wurden (Auswaschen nicht nötig), 2 EL Olivenöl erhitzen, darin die Hälfte der roten Zwiebeln mit etwas Salz goldbraun anbraten. Die Möhren in Scheiben schneiden und mit den übrigen Rübchen und ½ TL Kreuzkümmel in den Topf geben und 20 Minuten garen, eventuell etwas Wasser hinzufügen. Am Ende der Garzeit die abgetropften Kichererbsen untermischen.

15 In den Topf mit dem Spinat und den Kartoffeln zwei Drittel des Frischkäses und etwas Knoblauch geben und mit dem Stabmixer fein pürieren.

16 Das Lammfleisch, die Zwiebeln und die Quitten aus dem Bräter nehmen. Die Garflüssigkeit offen einkochen lassen. Währenddessen die Lammköfte zubereiten: Die Hälfte des Lammfleisches in der Küchenmaschine mit dem Rest Knoblauch und roten Zwiebeln, einem viertel Bund Koriandergrün, 1 TL Salz, ½ TL Ras el Hanout und 1 EL Speisestärke mixen. Mit feuchten Händen Frikadellen formen. Öl erhitzen, darin die Köfte unter Wenden 10 Minuten braten. Das übrige Lammfleisch mit Quitten und Zwiebeln in die reduzierte Soße geben und etwas fein gehacktes Koriandergrün darüberstreuen.

17 Schnittlauch in Röllchen schneiden. Thunfisch abtropfen lassen und zerpflücken. Aus dem übrigen Frischkäse mit Thunfisch, Schnittlauchröllchen und Zitronenschale die Thunfisch-Rillettes anrühren.

Fertig! Alles abkühlen lassen – und dann:

In den Kühlschrank stellen:

- Die Thunfisch-Rillettes
- Die Rübchentarte in der Form, abgedeckt mit Alufolie
- Die Lammtajine im Bräter (2 Tage haltbar)
- Den Rest Koriandergrün zwischen 2 Lagen Küchenpapier in einer fest verschließbaren Frischhalteboxr

In den Gefrierschrank stellen:

- Die Lammtajine, wenn sie nach mehr als 2 Tagen verzehrt werden soll
- Die Spinatcremesuppe in einem großen Einmachglas (nicht bis zum Rand füllen)
- Das Kartoffel-Lauch-Gratin in der Form, abgedeckt mit Frischhaltefolie
- Die Lammköfte mit dem Möhren-Zwiebel-Kichererbsen-Gemüse in einer großen Frischhaltebox
- Die Lasagne in der Gratinform, abgedeckt mit Frischhaltefolie

Ergebnis
Wochenmenü #3

Wochenmenü #3

Montag

Vorspeise

Chicoréeschiffchen mit Thunfisch-Rllettes

Hauptgericht

„Tarte Tatin“ von weißen Rübchen mit Honig und Ziegenkäse

Zeit zum Erwärmen:
10 Minuten
Zeit zum Fertigstellen und Anrichten:
2 Minuten

Zutaten: die Thunfisch-Rillettes, der Chicorée, die „Tarte Tatin“

Chicorée putzen, waschen und in Blätter teilen, jedes mit 1 Portion Rillettes füllen.
Den Backofen auf 160 °C Ober-/Unterhitze vorheizen. Die Tarte im heißen Ofen aufbacken, stürzen und servieren.
Für Dienstag evtl. die Tajine aus dem Gefrierschrank nehmen und zum Auftauen in den Kühlschrank stellen.

Dienstag

Lammtajine mit Quitten

Zeit zum Erwärmen:
15 Minuten
Zeit zum Kochen:
5 Minuten
Zeit zum Fertigstellen und Anrichten:
1 Minute

Zutaten: die Tajine, 200 g Couscous, die Hälfte des übrigen Koriandergrüns

Die Tajine im Topf erwärmen. Den Couscous nach Packungsangabe garen und Koriandergrün fein schneiden. Couscous und Tajine auf Tellern anrichten, mit Koriandergrün bestreuen.
Für Mittwoch die Spinatcremesuppe und den Kartoffel-Lauch-Gratin aus dem Gefrierschrank nehmen und zum Auftauen in den Kühlschrank stellen.

Mittwoch

Zeit zum Erwärmen:
15 Minuten

Vorspeise
Spinatcremesuppe mit Frischkäse

Hauptgericht
Gratin aus Kartoffeln, Lauch, Zwiebeln und Speck

Zutaten: die Spinatsuppe, das Gratin
Den Backofen auf 160 °C Ober-/Unterhitze vorheizen. Das Gratin im heißen Ofen erwärmen. Die Suppe im Topf erhitzen – fertig!
Für Donnerstag evtl. die Lammköfte aus dem Gefrierschrank nehmen und zum Auftauen in den Kühlschrank stellen.

Donnerstag

Lammköfte mit orientalischer Gemüsepfanne

Zeit zum Erwärmen:
15 Minuten

Zutaten: die Köfte auf der Gemüsemischung, der Rest Koriandergrün
Das Gericht in einem Schmortopf erwärmen. Das Koriandergrün fein schneiden und darüberstreuen.
Für Freitag die Spinat-Lachs-Lasagne aus dem Gefrierschrank nehmen und zum Auftauen in den Kühlschrank stellen.

Freitag

Zeit zum Erwärmen:
15 Minuten

Lasagne mit Lachs und Spinat

Zutaten: die Lasagne mit Lachs und Spinat
Den Backofen auf 160 °C Ober-/Unterhitze vorheizen. Die Lasagne im heißen Ofen erwärmen.

Wochenmenü

#4

Warenkorb

Wochenmenü #4

Einkaufsliste

Wochenmenü #4

Obst und Gemüse

* 2 kg Gartenkürbis
* 800 g kleine Kartoffeln (vorwiegend festkochend)
* 1 Brokkoli
* 2 Möhren
* 1 kleine Schale Kirschtomaten
* 1 Stange Staudensellerie
* 1 Bund Koriandergrün
* 6 Knoblauchzehen
* 6 Zwiebeln
* 6 Schalotten

Basiszutaten

* Mehl
* Weinessig
* Olivenöl
* Salz, Pfeffer

Fleisch und Fisch

* 3 Hühnerkeulen
* 4 TK-Seelachsfilets
* 4 Scheiben gekochter Schinken (oder geräucherte Putenbrust)

Milchprodukte

* 1 Beutel geriebener Parmesan (ca. 100 g)
* 400 g Crème fraîche
* 70–100 g geriebener Gruyère
* 125 g Butter
* 330 g Sahne

Sonstige Lebensmittel

* 1 Packung Blätterteig
* 250 g Makkaroni
* 250 g Reis
* 1 Dose Kidneybohnen (ca. 400 g Füllgewicht)
* 1 Dose geschälte Tomaten (ca. 400 g Füllgewicht)
* 200 g Couscous
* Ingwerpulver
* Zimtpulver
* gemahlener Kreuzkümmel
* Kurkumapulver
* Currypulver
* getrockneter Thymian
* 1 Handvoll Kürbiskerne

Montag

Vorspeise
Blätterteigpastetchen mit Tomaten, Parmesan und Kürbiskernen

Hauptgericht
Vegetarisches Chili

Dienstag

Couscous mit Huhn und Kürbis

Mittwoch

Makkaronigratin mit Brokkoli und Schinken*

Donnerstag

Crumble mit Huhn und Gemüse

Freitag

Vorspeise
Kürbiscremesuppe mit Curry

Hauptgericht
Seelachs mit Schalottensoße und Dampfkartoffeln

* Für ein Menü ohne Schweinefleisch den Schinken durch geräucherte Putenbrust ersetzen.

Zubereitung

Wochenmenü #4

Vorbereitungen

1) Alle erforderlichen Zutaten zurechtlegen: ausgenommen Kartoffeln, Seelachs, Blätterteig, Reis und Couscous. So haben Sie alles griffbereit und verlieren keine Zeit bei der Suche der Zutaten im Kühl- oder Vorratsschrank.
2) Alle benötigten Utensilien aus dem Schrank holen:

- 1 Backblech
- 2 Gratinformen
- 1 großer Schmortopf
- 1 großer Kochtopf
- 1 kleiner Topf
- 1 Bräter
- 1 Stabmixer
- 1 Schaumlöffel
- 1 Schneebesen
- 1 große Schüssel
- 4 kleine Schüsseln
- Salatschleuder
- 1 Einmachglas von 1,5 l Inhalt
- 2 Frischhalteboxen: 1 große, 1 kleine
- 1 Salatschleuder
- Pergament- oder Backpapier, Küchenpapier, Alufolie, Frischhaltefolie

Und jetzt wird 1 Stunde 50 Minuten gekocht!

1 Die Hühnerkeulen waschen und abtrocknen. 2 EL Olivenöl in dem großen Schmortopf erhitzen, darin die Keulen auf der Hautseite anbraten. Dann zugedeckt in 10 Minuten braun werden lassen. Danach den Herd ausschalten.

2 Alle Zwiebeln, Schalotten und Knoblauchzehen schälen, grob schneiden und jeweils in eine kleine Schüssel geben und beiseitestellen.

3 Das Koriandergrün 5 Minuten in kaltes Wasser legen, waschen und trocken schleudern. Zwischen 2 Lagen Küchenpapier in eine Frischhaltebox legen.

4 Die Möhren putzen und schälen. Die Stange Staudensellerie waschen und putzen. Beides in kleine Würfel schneiden. Die Keulen umdrehen – Vorsicht, es kann spritzen! Je ein Viertel der

Zwiebeln und des Knoblauchs, die Möhren- und Selleriewürfel, je ½ TL Zimt- und Ingwerpulver dazugeben. Salzen und 1 großes Glas Wasser dazugießen und alles bei niedriger Hitze 35 Minuten köcheln lassen.

5 Das vegetarische Chili ansetzen: In dem Bräter 2 EL Olivenöl erhitzen, darin je ein Drittel der restlichen Zwiebeln und des Knoblauchs und 1 TL Salz zugedeckt bei niedriger Hitze 10 Minuten dünsten.

6 Währenddessen den Kürbis entkernen, schälen und in Würfel schneiden. Für den Crumble 1 Handvoll in die Gratinform legen, den Rest in eine Schüssel geben.

7 Die Dose geschälte Tomaten mit dem Saft in den Bräter gießen, mit je ½ TL Kurkumapulver und Kreuzkümmel würzen und alles weitere 15 Minuten kochen.

8 In einem großen Topf Salzwasser aufkochen. Währenddessen den Brokkoli waschen, putzen und in kleine Röschen teilen. Den Brokkoli 10 Minuten kochen lassen.

9 Den Backofen auf 180 °C Ober-/Unterhitze vorheizen. Die Streusel für den Crumble zubereiten: In einer kleinen Schüssel mit den Händen 150 g Mehl mit 125 g Butter, 60 g Parmesan, 1 Prise Thymian und der Hälfte der Kürbiskerne verkneten.

10 Den Brokkoli mit einem Schaumlöffel herausnehmen und die Makkaroni im Brokkoli-Kochwasser nach Packungsangabe *al dente* garen.

11 Die Kidneybohnen abgießen, kalt abspülen, in den Bräter geben und untermischen. Den Herd ausschalten.

12 1 Hühnerkeule aus dem Schmortopf nehmen und abkühlen lassen. Die Kirschtomaten wa-

Zubereitung
Wochenmenü #4

schen, halbieren und die Hälfte zu den Kürbiswürfeln in der Gratinform geben. Ein Drittel der Brokkoliröschen, die Hälfte der Zwiebeln und des Knoblauchs und etwas Salz hinzufügen. Das Fleisch der Hühnerkeule vom Knochen lösen, zerpflücken und auf das Gemüse geben. Alles mischen und mit den Streuseln bedecken. Im heißen Ofen 30 Minuten backen.

13 In einem kleinen Topf ½ Glas Essig und die Schalotten bei niedriger Hitze15 Minuten kochen, bis der Essig fast verdampft ist.

14 Die Makkaroni abgießen und in der zweiten Gratinform verteilen. Den Schinken würfeln. Den Rest Brokkoli, die Sahne, die Hälfte des restlichen Knoblauchs und den Schinken untermischen und mit dem geriebenen Gruyère bestreuen. Im heißen Ofen 15 Minuten backen. Den Nudeltopf auswaschen, halb mit Wasser füllen und aufkochen.

15 In den Schmortopf mit den Hühnerkeulen ein Drittel der Kürbiswürfel geben und weitere 10 Minuten kochen.

16 Im kochenden Wasser den Rest Kürbis, Knoblauch und Zwiebeln 15 Minuten kochen.

17 In den kleinen Topf mit den Schalotten zwei Drittel der Crème fraîche geben, salzen und pfeffern. Den Topf zur Seite stellen.

18 Den Blätterteig aus dem Kühlschrank nehmen, ausrollen und in 12 Quadrate à 10 x 10 cm schneiden. In die Mitte eines jeden Teigstücks 3 Toma-

tenhälften legen, die 4 Ecken darüberklappen und in der Mitte zusammendrücken. Den Rest Parmesan, etwas Thymian und die übrigen Kürbiskerne (evtl. grob gehackt) darüberstreuen. Ein Backblech mit Pergament- oder Backpapier auslegen, die Pastetchen daraufsetzen und im heißen Ofen 10 Minuten backen.

19 In den großen Topf mit dem Kürbis den Rest Crème fraîche und ½ TL Currypulver geben und alles fein pürieren.

Fertig! Alles abkühlen lassen – und dann:

In den Kühlschrank stellen:

* Die Blätterteigpastetchen, auf dem Backblech, abgedeckt mit Alufolie (2 Tage haltbar)
* Das vegetarische Chili im Bräter (bis zu 3 Tagen haltbar)
* Das Huhn mit Kürbis (2 Tage haltbar)
* Das luftdicht verpackte Koriandergrün (1 Woche haltbar)

In den Gefrierschrank stellen:

* Das Huhn mit Kürbis, wenn es mehr als 2 Tage später verzehrt werden soll
* Die Kürbissuppe in einem großen Einmachglas
* Das Makkaronigratin in der Gratinform, abgedeckt mit Frischhaltefolie
* Den Crumble mit Huhn und Gemüse in der Gratinform, abgedeckt mit Frischhaltefolie
* Die Schalottensoße in einem gut schließenden Einmachglas

Ergebnis
Wochenmenü #4

Wochenmenü #4

Montag

Vorspeise
Blätterteigpastetchen mit Tomaten, Parmesan und Kürbiskernen

Hauptgericht
Vegetarisches Chili

Zeit zum Erwärmen:
10 Minuten
Zeit zum Kochen:
10 Minuten
Zeit zum Fertigstellen und Anrichten:
1 Minute

Zutaten: die Pastetchen, das vegetarische Chili, 250 g Reis, die Hälfte des Koriandergrüns

Den Reis nach Packungsangabe garen. Den Backofen auf 160 °C Ober-/Unterhitze vorheizen. Die Blätterteigpastetchen im heißen Ofen aufbacken. Koriandergrün fein schneiden. Das Chili im Bräter erwärmen und mit Koriandergrün bestreuen. Mit Reis servieren.

Für Dienstag evtl. das Huhn mit Kürbis aus dem Gefrierschrank nehmen und zum Auftauen in den Kühlschrank stellen.

Dienstag

Couscous mit Huhn und Kürbis

Zeit zum Erwärmen:
15 Minuten
Zeit zum Kochen:
5 Minuten
Zeit zum Fertigstellen und Anrichten:
1 Minute

Zutaten: das Huhn mit Kürbis, 200 g Couscous, der Rest Koriandergrün

Das Huhn mit Kürbis im Schmortopf erwärmen. Den Couscous nach Packungsangabe garen. Koriandergrün fein schneiden. Den Couscous und das Huhn mit Kürbis auf Tellern anrichten und mit Koriandergrün bestreuen.

Für Mittwoch das Makkaronigratin mit Kürbis aus dem Gefrierschrank nehmen und zum Auftauen in den Kühlschrank stellen.

Mittwoch

Makkaronigratin mit Brokkoli und Schinken

Zeit zum Erwärmen:
15 Minuten

Zutaten: das Gratin

Den Backofen auf 160 °C Ober-/Unterhitze vorheizen. Das Gratin im heißen Ofen erwärmen.

Für Donnerstag den Crumble aus dem Gefrierschrank nehmen und zum Auftauen in den Kühlschrank stellen.

Donnerstag

Crumble mit Huhn und Gemüse

Zeit zum Erwärmen:
15 Minuten

Zutaten: der Crumble
Den Backofen auf 160 °C Ober-/Unterhitze vorheizen. Den Crumble im heißen Ofen erwärmen. Fertig!
Für Freitag die Kürbiscremesuppe und die Schalottensoße aus dem Gefrierschrank nehmen und zum Auftauen in den Kühlschrank stellen.

Freitag

Vorspeise
Kürbiscremesuppe mit Curry

Hauptgericht
Seelachs mit Schalottensoße und Dampfkartoffeln

Zeit zum Erwärmen:
15 Minuten
Zeit zum Kochen:
15 Minuten
Zeit zum Fertigstellen und Anrichten:
2 Minuten

Zutaten: die Kartoffeln, die TK-Seelachsfilets, die Kürbissuppe, die Schalottensoße
Die Kartoffeln waschen, abbürsten und mit der Schale über Dampf 15 Minuten garen (evtl. im Schnellkochtopf nach Gebrauchsanweisung). Den Fisch nach Packungsangabe garen. Währenddessen die Kürbissuppe in einem großen Topf und die Schalottensoße in einem kleinen erwärmen. Kartoffeln und Seelachs mit der Soße übergießen.

Winter

Wochenmenü

#1

Warenkorb

Wochenmenü #1

Einkaufsliste

Wochenmenü #1

Obst und Gemüse

- 6 Stangen Lauch
- 8 Möhren
- 1 Stange Staudensellerie
- 4 weiße Rübchen
- 2 kg Kartoffeln (vorwiegend festkochend)
- 1 Bund glatte Petersilie
- 2 Zwiebeln
- 2 Knoblauchzehen

Basiszutaten

- 3 Lorbeerblätter
- 3 Gewürznelken
- 3 Pfefferkörner
- getrockneter Thymian
- Senf
- Essig
- Sonnenblumenöl
- Olivenöl
- Salz, Fleur de sel, grobes graues Meersalz, Pfeffer

Fleisch und Fisch

- 1,5 kg Rindfleisch zum Kochen (dünne Rippen, Querrippe oder Bug und Unterschale)
- 1–4 Markknochen (nach Geschmack)
- 400 g Räucherfisch (Schellfisch, Heilbutt oder Makrele)

Milchprodukte

- 400 g Sahne

Sonstige Lebensmittel

- 6 Eier
- 200 ml Kokosmilch (aus der Dose)
- 1 kleines Glas Cornichons
- 200 g Fadennudeln (oder Risoni)
- 4 Scheiben Bauernbrot
- 1 Packung Brickteig (ersatzweise Filoteig aus dem türkischen Lebensmittelgeschäft)

Montag

Vorspeise
Lauch in Vinaigrette mit gefüllten Eiern

Hauptgericht
Rindsbouillon mit Nudeln

Dienstag

Siedfleisch mit Gemüse und Cornichons

Mittwoch

Vorspeise
Bricktaschen mit Rindfleisch und Gemüse

Hauptgericht
Räucherfischpüree

Donnerstag

Gemüsecremesuppe, Toast mit Rindermark

Freitag

Räucherfischsuppe mit Kokosmilch

Zubereitung

Wochenmenü #1

Vorbereitungen

1) Alle erforderlichen Zutaten zurechtlegen: ausgenommen 1 Ei, Nudeln, Cornichons und Senf. So haben Sie alles griffbereit und verlieren keine Zeit bei der Suche der Zutaten im Kühl- oder Vorratsschrank.

2) Alle benötigten Utensilien aus dem Schrank holen:

- 1 kleiner Topf
- 1 mittelgroßer Topf
- 1 sehr großer Topf
- 1 großer Bräter oder Schmortopf für den Rindfleisch-Suppentopf
- 1 große Schüssel
- 1 Gratinform
- 1 Stabmixer
- 1 Schaumlöffel
- 1 Sieb
- 6 Frischhalteboxen: 3 große, 2 mittelgroße, 1 kleine
- 1 großes Einmachglas (1,5 l Inhalt)
- Frischhaltefolie, Gefrierbeutel

Und jetzt wird 2 Stunden gekocht!

1 Die Rindfleischstücke (ohne die Markknochen) in einen großen Bräter oder Schmortopf legen. Etwa 3 l Wasser, 1 EL grobes Salz, 2 Lorbeerblätter und 1 geschälte, mit 3 Gewürznelken gespickte Zwiebel dazugeben und aufkochen, dann kochen lassen. In den nächsten 15 Minuten immer wieder den Schaum abnehmen, dann die Hitze reduzieren.

2 Währenddessen in einem mittelgroßen Topf die Kokosmilch mit 500 ml Wasser, 1 Lorbeerblatt und ½ TL Thymian aufkochen.

3 Den Räucherfisch abspülen, von der Haut befreien und in Stücke schneiden. Die Fischstücke in die Kokosmilch geben und 15 Minuten ziehen (nicht kochen) lassen.

4 Salzwasser in einem sehr großen Topf erhitzen. Die Kartoffeln schälen und unzerteilt in kochendem Salzwasser 30 Minuten garen, bis sie weich sind.

5 Die Fischstücke mit einem Schaumlöffel aus der Brühe nehmen und in einem Sieb abtropfen lassen.

6 Die Rübchen, die Möhren und die übrige Zwiebel schälen. 1 Rübchen in Würfel schneiden, die anderen halbieren. 2 Möhren in Scheiben schneiden, die 6 übrigen vierteln. Die Zwiebel würfeln.

7 Die Rübchen- und Zwiebelwürfel und die Möhrenscheiben in den Topf mit der Fischbrühe geben und zugedeckt 30 Minuten kochen.

8 In den Topf mit dem Rindfleisch die halbierten Rübchen, die Möhrenviertel, 3 Pfefferkörner und 1 Stängel Petersilie geben.

9 Die Lauchstangen putzen, gründlich waschen und jede in 4 Stücke schneiden. Die Stange Staudensellerie waschen, putzen und vierteln. Beides in den Rindfleischtopf geben.

10 In einer Schüssel die Hälfte der Fischstücke fein zerpflücken. 1 Knoblauchzehe schälen und hacken. Mit 200 g Sahne, 2 EL Olivenöl und zwei Dritteln der gekochten Kartoffeln dazugeben. Alles zu einer geschmeidigen Masse verarbeiten, pfeffern und vorsichtig salzen – der Fisch kann recht salzig sein.

11 Die Petersilie waschen, trocken schütteln und fein schneiden, die Hälfte unter das Räucherfischpüree mischen. Das Püree in eine Gratinform füllen.

Zubereitung

Wochenmenü #1

12 Den Rest des Fisches wieder in den Topf mit der Kokosbrühe und dem Gemüse geben und alles abkühlen lassen.

13 4 Eier in 10 Minuten hartkochen.

14 Mit einem Schaumlöffel alle Gemüsestücke aus dem Topf mit dem Rindfleisch nehmen. 8 ansehnliche Stücke Lauch für die Vorspeise am Montag in eine Frischhaltebox legen und mit 1 EL fein geschnittener Petersilie bestreuen. Von den Möhren, Rübchen, Selleriestücken, Zwiebeln und den übrigen Lauchabschnitten die schönsten als Beilage für das gekochte Rindfleisch mit etwas Brühe reservieren.

15 Von den dünnen Rippen die Hälfte des Fleisches ablösen und fein zerkleinern. 3 Kartoffeln, 2 Rübchenstücke und ein paar Möhrenscheiben grob zerdrücken und mit dem Rest fein geschnittener Petersilie untermischen. Salzen und pfeffern. In eine Schale geben und als Füllung für die Bricktaschen beiseitestellen.

16 Die Gemüsestücke, die in der Rinderbrühe am stärksten zerkocht sind, in eine Schüssel geben, mit 1 Kartoffel, dem Rest Sahne und 2 Schöpfkellen Rinderbrühe mischen und mit dem Stabmixer fein pürieren. Diese Suppe mit Salz und Pfeffer abschmecken.

17 Die Markknochen in den Rindfleischtopf legen und alles so lange wie möglich (idealerweise noch 1 Stunde 30 Minuten) weiterkochen lassen.

18 Den Backofen auf 180 °C Ober-/Unterhitze vorheizen. Die Brickteigblätter zuerst halbieren, die Hälften ebenfalls halbieren, sodass Dreiecke entstehen. In die Mitte je 1 TL der Füllung geben und die Teigstücke zu Dreiecken zusammenfalten. Die

Seiten nach innen einschlagen und andrücken. (Wenn kein Brickteig erhältlich ist: Aus dem Filoteig Quadrate à 10 x 10 cm schneiden, füllen und daraus Dreiecke falten.) Das ist etwas zeitraubend, lohnt aber die Mühe! Vielleicht können die Kinder mithelfen. Die Teigtaschen mit verquirltem Ei bestreichen und im heißen Ofen 15 Minuten backen.

Fertig! Alles abkühlen lassen – und dann:

In den Kühlschrank stellen:

- Die 4 hartgekochten Eier (5 Tage haltbar)
- Die 8 gekochten Lauchstücke
- Die Rindsbouillon in einem großen Einmachglas (3 Tage haltbar)
- Das gekochte Rindfleisch, wenn es innerhalb 3 Tagen verzehrt werden soll
- Das Gemüse aus dem Rindfleischtopf (3 Tage haltbar)

In den Gefrierschrank stellen:

- Das gekochte Rindfleisch, wenn es später verzehrt werden soll
- Die Bricktaschen
- Das Räucherfischpüree in der Gratinform, abgedeckt mit Frischhaltefolie
- Die Gemüsecremesuppe
- Die Markknochen mit etwas Bouillon
- Die Brotscheiben in einem fest verschlossenen Gefrierbeutel
- Die Räucherfischsuppe mit Kokosmilch

Ergebnis

Wochen

Wochenmenü #1

Montag

Vorspeise
Lauch in Vinaigrette mit gefüllten Eiern

Hauptgericht
Rindsbouillon mit Nudeln

Zeit zum Kochen:
10 Minuten
Zeit zum Fertigstellen und Anrichten:
10 Minuten

Zutaten: die gekochten Lauchstücke, die 4 gekochten Eier, 1 rohes Ei, Senf, Sonnenblumenöl, Olivenöl, Essig, Salz, Pfeffer; die Rindsbouillon, 200 g Fadennudeln oder Risoni

Eine Vinaigrette zubereiten: 1 TL Senf mit 1 TL Essig und etwas Salz verrühren. Nach und nach 2 EL Olivenöl unterschlagen. Die Vinaigrette über den Lauch gießen. Eine Mayonnaise zubereiten: 1 Eigelb mit 1 TL Senf und etwas Salz verrühren. Nach und nach 4 EL Sonnenblumenöl unterschlagen. Die Eier pellen und halbieren. Das Eigelb herauslösen, zerdrücken und mit der Mayonnaise vermischen. Die Eierhälften mit dieser Masse füllen und auf den Lauch setzen. Die obere Fettschicht der Rindsbouillon abschöpfen. Die Nudeln in der Bouillon kochen. Fertig!

Für Dienstag evtl. das gekochte Rindfleisch aus dem Gefrierschrank nehmen und zum Auftauen in den Kühlschrank stellen.

Dienstag

Siedfleisch mit Gemüse und Cornichons

Zeit zum Erwärmen:
10 Minuten

Zutaten: die Rindfleischstücke, das Gemüse, Senf, Cornichons, Fleur de sel

Die Fleisch- und Gemüsestücke in wenig Brühe erwärmen. Die verschiedenen Fleischsorten gleichmäßig auf Teller verteilen, das Gemüse dazulegen und alles mit Senf, Cornichons und Fleur de sel servieren.

Für Mittwoch die Bricktaschen und das Räucherfischpüree aus dem Gefrierschrank nehmen und zum Auftauen in den Kühlschrank stellen.

Mittwoch

Zeit zum Erwärmen:
10 Minuten

Vorspeise
Bricktaschen mit Rindfleisch und Gemüse

Hauptgericht
Räucherfischpüree

Zutaten: die Bricktaschen, das Räucherfischpüree

Den Backofen auf 180 °C Ober-/Unterhitze vorheizen. Die Bricktaschen und das Räucherfischpüree im heißen Ofen erwärmen. Fertig!

Für Donnerstag die Cremesuppe, die Markknochen und die Brotscheiben aus dem Gefrierschrank nehmen und zum Auftauen in den Kühlschrank stellen.

Donnerstag

Gemüsecremesuppe, Toast mit Rindermark

Zeit zum Erwärmen:
15 Minuten
Zeit zum Fertigstellen und Anrichten:
2 Minuten

Zutaten: die Cremesuppe, die Markknochen, die Brotscheiben, Fleur de sel

Die Suppe in einem Topf erwärmen. Die Markknochen mit etwas Bouillon in einem kleinen Topf erwärmen. Die Brotscheiben rösten, mit Mark aus den Knochen bestreichen und mit Fleur de sel bestreuen.

Für Freitag Räucherfischsuppe mit Kokosmilch aus dem Gefrierschrank nehmen und zum Auftauen in den Kühlschrank stellen.

Freitag

Zeit zum Erwärmen:
15 Minuten

Räucherfischsuppe mit Kokosmilch

Zutaten: die Suppe

Die Suppe in einem Topf erwärmen und servieren.

Wochenmenü

#2

Warenkorb

Wochenmenü #2

Einkaufsliste

Wochenmenü #2

Obst und Gemüse

- ⁕ 500 g Champignons
- ⁕ 2 Stangen Lauch
- ⁕ 4 Möhren
- ⁕ ½ kleiner Rotkohl
- ⁕ 1 kg Kartoffeln (vorwiegend festkochend)
- ⁕ 1 Beutel Feldsalat (länger als 2 Tage haltbar)
- ⁕ 1 Handvoll Weintrauben
- ⁕ 1 Apfel
- ⁕ 2 Schalotten
- ⁕ 2 Zwiebeln
- ⁕ 4 Knoblauchzehen
- ⁕ 1 kleines Stück frischer Ingwer (nach Belieben)

Basiszutaten

- ⁕ Senf
- ⁕ Maisstärke
- ⁕ getrockneter Thymian
- ⁕ Muskatnuss
- ⁕ Essig
- ⁕ Olivenöl
- ⁕ Salz, Pfeffer

Fleisch und Fisch

- ⁕ 150 g Räucherspeck in Würfeln (oder geräucherte Putenbrustwürfel)
- ⁕ 1 kg Kalbsgulasch
- ⁕ 16 Hühnerflügel
- ⁕ 1 Chorizo (scharfe spanische Paprikawurst)

Milchprodukte

- ⁕ 400 g Sahne
- ⁕ 1 großer Becher Crème fraîche
- ⁕ 1 kleiner Beutel geriebener Gruyère

Sonstige Lebensmittel

- ⁕ 4 Eier
- ⁕ 1 Packung Mürbeteig
- ⁕ 500g gekochte Linsen (aus der Dose oder vakuumverpackt)
- ⁕ 250g Reis
- ⁕ 50g entsteinte schwarze Oliven
- ⁕ 100 ml Portwein, Madeira oder Rotwein
- ⁕ 1 Dose Tomatenmark
- ⁕ Sojasoße
- ⁕ flüssiger Honig
- ⁕ Ketchup

Menüs

Montag

Quiche Lorraine*

Dienstag

Vorspeise
Cremesuppe aus Kartoffeln und Lauch

Hauptgericht
Karamellisierte Hühnerflügel

Mittwoch

Vorspeise
Salat aus Rotkohl, Weintrauben und Apfel

Hauptgericht
Kalbsragout mit Chorizo*

Donnerstag

Linsen, Champignons und Möhren in Sahnesoße

Freitag

Sahniges Kalbsfrikassee mit Reis

* Für ein Menü ohne Schweinefleisch den Speck durch Putenbrust ersetzen und statt Chorizo 1 Messerspitze Chilipulver nehmen.

Zubereitung Wochenmenü #2

Vorbereitungen

1) Alle erforderlichen Zutaten zurechtlegen: ausgenommen Rotkohl, Feldsalat, Trauben, Linsen und Reis. So haben Sie alles griffbereit und verlieren keine Zeit bei der Suche der Zutaten im Kühl- oder Vorratsschrank.
2) Alle benötigten Utensilien aus dem Schrank holen:

- 1 Bräter
- 1 Tarteform
- Hülsenfrüchte oder Keramikkugeln zum Blindbacken
- 1 kleiner Kochtopf
- 1 mittelgroßer Kochtopf
- 1 Schüssel
- 1 kleine Pfanne
- 1 Bratpfanne
- 1 Küchenreibe
- 1 Stabmixer
- 5 Frischhalteboxen: 3 große, 1 mittelgroße, 1 kleine für die Vinaigrette
- Pergamentpapier, Frischhaltefolie

Und jetzt wird 1 Stunde 45 Minuten gekocht!

1 Die Zwiebeln und Knoblauchzehen schälen und fein hacken. In einem Bräter 1 EL Olivenöl erhitzen, darin die Hälfte der Zwiebeln und des Knoblauchs sowie das Kalbsgulasch mit 1 TL Salz und etwas Pfeffer 10 Minuten anbraten.

2 Währenddessen die Kartoffeln waschen, die Möhren putzen und schälen. Die Kartoffeln in Würfel und die Möhren in Scheiben schneiden. Chorizo in dicke Scheiben schneiden.

3 ½ TL Thymian und das Tomatenmark zum Fleisch geben und untermischen. Mit dem Wein und so viel Wasser aufgießen, dass das Fleisch bedeckt ist. Drei Viertel der Kartoffelwürfel, ein Drittel der Möhrenscheiben und die Chorizoscheiben hinzufügen. Das Fleisch zugedeckt 1 Stunde 15 Minuten köcheln lassen.

4 Den Backofen auf 190 °C Ober-/Unterhitze vorheizen. Die Tarteform ausfetten. Den Mürbeteig hineinlegen, die Ränder andrücken und den überstehenden Teig abschneiden. Den Teigboden mehrfach mit einer Gabel einstechen. Einen passend zurechtgeschnittenen Bogen Pergamentpapier darauflegen, darauf die Hülsenfrüchte oder Keramikkugeln geben und den Boden im heißen Ofen 25 Minuten vorbacken.

5 In einem mittelgroßen Topf 800 ml Salzwasser erhitzen. Den Lauch putzen und gründlich waschen. Das Weiße
in dicke Scheiben und das Grüne in kleine Würfel schneiden. Das Weiße des Lauchs, die restlichen Kartoffeln und Zwiebeln im Salzwasser 25 Minuten kochen.

6 In einem kleinen Topf Salzwasser erhitzen, darin den Rest Möhrenscheiben 20 Minuten kochen.

7 Eine große Portion Vinaigrette zubereiten: Direkt in einer kleinen Frischhaltebox 2 EL Senf mit ½ TL Salz und 1 Prise Pfeffer verrühren. 4 EL Essig untermischen. Nach und nach 8 EL Olivenöl unter ständigem Rühren dazugeben.

8 Den Belag für die Quiche zubereiten: In einer Schüssel die 4 Eier mit ½ TL Salz, etwas Pfeffer und Muskat verquirlen. Die Sahne unterschlagen.

9 In einer kleinen Pfanne die Speckwürfel ohne Fett bei hoher Hitze 5 Minuten braten. Die Würfel aus dem ausgetretenen Fett nehmen und auf den vorgebackenen Quicheboden geben. Den geriebenen Gruyère darüberstreuen. Die Eiermischung daraufgießen und die Quiche weitere 30 Minuten backen.

Zubereitung

Wochenmenü #2

10 Die gekochten Kartoffelwürfel und Lauchscheiben mit 2 EL Crème fraîche fein pürieren.

11 Die Schalotten schälen und fein hacken. Die Champignons putzen, trocken abreiben und in Scheibchen schneiden. In einer Pfanne 1 EL Olivenöl erhitzen, darin die Schalotten, den Rest Knoblauch und ½ TL Salz 5 Minuten dünsten. Das Grüne des Lauchs hinzufügen. Die Pilze in die Pfanne geben und 5 Minuten mitdünsten.

12 Die Hälfte der gekochten Möhrenscheiben in kleine Würfel schneiden und in einem mittelgroßen Behälter aufbewahren.

13 Die übrige Crème fraîche mit 1 EL Maisstärke verrühren, zu den Champignons geben und unter Rühren 5 Minuten kochen lassen. Ein Drittel davon in den Behälter mit den Möhrenwürfeln gießen – für das Linsengericht am Donnerstag.

14 Die gekochten Möhrenscheiben, die Hälfte der Fleischwürfel (ohne Chorizo) unter die Pilze in der Pfanne mischen.

15 In den Bräter die Oliven geben und alles noch weitere 10 Minuten kochen.

16 Die Marinade für die Hühnerflügel zubereiten: Nach Belieben den Ingwer schälen und fein reiben. In einer großen Frischhaltebox 6 EL Sojasoße mit 4 EL Honig, 2 EL Ketchup und Ingwer verrühren, die Hühnerflügel hineinlegen und marinieren.

17 Den Rotkohl waschen, putzen, mit der Küchenreibe fein hobeln und in einer fest verschließbaren Frischhaltebox aufbewahren.

Fertig! Alles abkühlen lassen – und dann:

In den Kühlschrank stellen:

- Die Quiche Lorraine in der Form, abgedeckt mit Frischhaltefolie (2 Tage haltbar)
- Die Kartoffel-Lauch-Cremesuppe im Topf (3 Tage haltbar)
- Die Hühnerflügel in der Marinade (3 Tage haltbar)
- Die Vinaigrette (1 Woche haltbar)

In den Gefrierschrank stellen:

- Das Kalbsragout mit Chorizo
- Das Gemüse in Sahnesoße
- Das sahnige Kalbsfrikassee

Ergebnis

Wochenmenü

LE CREUSET
LE CREUSET

Wochenmenü #2

Montag

Quiche Lorraine

Zeit zum Erwärmen:
10 Minuten

Zutaten: die Quiche Lorraine, der Beutel Feldsalat, die Hälfte der Vinaigrette

Den Backofen auf 180 °C Ober-/Unterhitze vorheizen. Die Quiche im heißen Ofen erwärmen. Den Feldsalat waschen, putzen und mit der Vinaigrette mischen.

Dienstag

Vorspeise
Cremesuppe aus Kartoffeln und Lauch

Hauptgericht
Karamellisierte Hühnerflügel

Zeit zum Erwärmen:
10 Minuten
Zeit zum Kochen:
10 Minuten

Zutaten: die Suppe, die eingelegten Hühnerflügel, Pfeffer

Den Backofen auf 250 °C Ober-/Unterhitze vorheizen. Die Hühnerflügel mit der Marinade auf ein Backblech legen und im heißen Ofen 10 Minuten backen, bis sie karamellisiert sind.

Die Cremesuppe bei niedriger Hitze in 10 Minuten erwärmen, mit etwas Pfeffer übermahlen und servieren.

Für Mittwoch das Kalbsragout mit Chorizo aus dem Gefrierschrank nehmen und zum Auftauen in den Kühlschrank stellen.

Mittwoch

Vorspeise
Salat aus Rotkohl, Weintrauben und Apfel

Hauptgericht
Kalbsragout mit Chorizo

Zeit zum Erwärmen:
15 Minuten
Zeit zum Fertigstellen und Anrichten:
10 Minuten

Zutaten: der gehobelte Rotkohl, der Apfel, die Weintrauben, die restliche Vinaigrette, das Kalbsragout mit Chorizo

Das Ragout bei niedriger Hitze erwärmen. Währenddessen den Apfel in dünne Spalten schneiden, die Trauben waschen, halbieren und entkernen. Den gehobelten Kohl mit den Früchten und der Vinaigrette mischen.

Für Donnerstag die Frischhaltebox mit dem Gemüse in Sahnesoße aus dem Gefrierschrank nehmen und zum Auftauen in den Kühlschrank stellen.

Donnerstag

Linsen, Champignons und Möhren in Sahnesoße

Zeit zum Erwärmen:
10 Minuten

Zutaten: die gekochten Linsen, das Gemüse in Sahnesoße
Die Zutaten mischen und nach Belieben im Topf oder in der Mikrowelle erwärmen.
Für Freitag das sahnige Kalbsfrikassee aus dem Gefrierschrank nehmen und zum Auftauen in den Kühlschrank stellen.

Freitag

Sahniges Kalbsfrikassee mit Reis

Zeit zum Erwärmen:
15 Minuten
Zeit zum Kochen:
10 Minuten

Zutaten: das Frikassee, 250 g Reis
Den Reis nach Packungsangabe garen. Das Frikassee im Topf oder in der Mikrowelle erwärmen und mit dem Reis servieren.

Wochenmenü

#3

Warenkorb

Wochenmenü #3

Einkaufsliste

Wochenmenü #3

Obst und Gemüse

- ✱ 1 kleiner Knollensellerie
- ✱ 1 Pastinake
- ✱ 1 großer Brokkoli
- ✱ 3 Bio-Orangen
- ✱ 3 Blutorangen
- ✱ 1 kg Kartoffeln (vorwiegend festkochend)
- ✱ 1 kleiner Hokkaido-Kürbis
- ✱ 1 Möhre
- ✱ 1 Handvoll (oder ein kleiner Beutel) Sojasprossen
- ✱ 1 Bund glatte Petersilie
- ✱ 1 Zwiebel
- ✱ 1 Stück frischer Ingwer (ca. 5 cm)
- ✱ 1 Schalotte
- ✱ 7 Knoblauchzehen

Basiszutaten

- ✱ Olivenöl
- ✱ Muskatnuss
- ✱ Maisstärke
- ✱ Currypulver
- ✱ Kreuzkümmel
- ✱ Salz, Pfeffer

Fleisch und Fisch

- ✱ 4 kleine Entenbrustfilets
- ✱ 1 Packung TK-Jakobsmuscheln (möglichst kleine)

Milchprodukte

- ✱ 2 x 400 g Sahne
- ✱ 1 kleiner Becher Crème fraîche
- ✱ 1 l fettreduzierte Milch
- ✱ 1 kleiner runder Ziegenfrischkäse

Sonstige Lebensmittel

- ✱ 4 Eier
- ✱ 1 Packung chinesische Weizennudeln
- ✱ 1 kleine Dose Kichererbsen
- ✱ 200 g Quinoa
- ✱ 250 g Spaghetti
- ✱ flüssiger Honig
- ✱ 60 g Haselnusskerne
- ✱ getrockneter Thymian
- ✱ Piment
- ✱ Sojasoße
- ✱ 1 Glas Weißwein

Montag

Vorspeise
Cremesuppe aus Sellerie und Pastinake mit Jakobsmuscheln

Hauptgericht
Brokkoliauflauf mit Ziegenkäse

Dienstag

Entenbrust mit Orangen und Kartoffelgratin

Mittwoch

Vorspeise
Kichererbsensalat mit Orangen

Hauptgericht
Quinoa mit geröstetem Kürbis, Ziegenkäse und Haselnusskernen

Donnerstag

Wokgemüse mit Ente und Nudeln

Freitag

Spaghetti mit Jakobsmuscheln

Zubereitung
Wochenmenü #3

Vorbereitungen

1) Alle erforderlichen Zutaten zurechtlegen: ausgenommen Sojasprossen, Entenbrüste, Jakobsmuscheln, Crème fraîche, chinesische Nudeln, Spaghetti, Kichererbsen, „quatre-epices"-Gewürz (oder Piment) und Weißwein. So haben Sie alles griffbereit und verlieren keine Zeit bei der Suche nach Zutaten im Kühl- oder Vorratsschrank.

2) Alle benötigten Utensilien aus dem Schrank holen:

* 1 mittelgroßer Kochtopf
* 1 großer Kochtopf
* 1 kleiner Kochtopf
* 1 große Schüssel
* 2 Gratinformen
* 1 runde Kuchenform
* 1 Gemüsehobel oder 1 Küchenmaschine mit Schneideeinsatz
* 1 Stabmixer, 1 Sieb, 1 Küchenreibe
* 8 Frischhalteboxen: 1 große, 2 mittelgroße, 5 kleine
* 1 Schraubglas für die Nüsse
* Küchenpapier

Und jetzt wird 2 Stunden gekocht!

1 Den Backofen auf 160 °C Ober-/Unterhitze vorheizen. Die Kartoffeln schälen, waschen und abtrocknen. Mit einem Gemüsehobel oder in der Küchenmaschine in sehr dünne Scheiben schneiden. 4 Knoblauchzehen schälen, fein hacken und beiseitestellen.

2 Die Hälfte der Kartoffelscheiben in einer Gratinform verteilen. Mit Salz und Muskat würzen und mit ½ TL gehacktem Knoblauch bestreuen. Den Rest der Kartoffelscheiben daraufgeben, ebenfalls salzen und mit Muskat würzen. 200 g Sahne mit 500 ml Milch verrühren und über die Kartoffeln gießen. Im heißen Ofen 1 Stunde 30 Minuten backen.

3 In einem mittelgroßen Topf Salzwasser aufkochen. Den Brokkoli waschen, putzen, in Röschen teilen und zwei Drittel davon 10 Minuten kochen. Die übrigen Röschen in eine mittelgroße Frischhaltebox geben.

4 Den Guss für den Auflauf zubereiten: In einer Schüssel die 4 Eier verquirlen. 400 g Sahne, ½ TL gehackten Knoblauch, 1 EL Maisstärke untermischen und mit Salz und Pfeffer würzen. Den Brokkoli abtropfen lassen, den Ziegenkäse würfeln. Beides in die Kuchenform geben und den Eierguss darübergießen. Den Auflauf im heißen Ofen (oben) 40 Minuten backen.

5 In einen großen Topf die übrige Milch und 2 Gläser Wasser gießen, die Mischung salzen und aufkochen. Den Knollensellerie und die Pastinake schälen, waschen, würfeln und in der Milch 20 Minuten garen.

6 1 Bio-Orange waschen und die Schale abreiben. Die übrigen Bio-Orangen schälen, dabei die weiße Haut entfernen und die Filets mit einem scharfen Messer zwischen den Trennhäuten herausschneiden. Den verbliebenen Saft in eine kleine Frischhaltebox pressen. Die Filets und die Schale beiseitestellen.

7 Die Blutorangen auf die gleiche Art schälen, die Fruchtfilets herausschneiden und den Saft auffangen. Die Schale nicht abreiben, da Blutorangen in der Regel behandelt sind.

Zubereitung

Wochenmenü #3

8 In einem kleinen Topf Salzwasser aufkochen. Die Quinoa in einem feinen Sieb abspülen und 15 Minuten garen, dann abgießen.

9 Den Hokkaido-Kürbis waschen und halbieren. Die Kerne entfernen – nicht die Schale, sie ist essbar. Den Kürbis in Spalten und diese in Würfel schneiden. 3 Knoblauchzehen schälen. Die Kürbiswürfel mit dem Knoblauch, 1 EL Thymian, 3 EL Olivenöl, Salz und Pfeffer auf ein Backblech geben. Den Kürbis im heißen Ofen bei 200 °C Ober-/Unterhitze (oben) (jetzt dürften Gratin und Auflauf fertig sein) 30 Minuten rösten.

10 Die Möhre schälen und in feine Julienne-Streifen schneiden. Die Streifen in die Frischhaltebox mit den rohen Brokkoliröschen legen.

11 Die Schalotte schälen und fein hacken. Mit dem Rest des gehackten Knoblauchs in einen fest verschließbaren Behälter geben.

12 Die Zwiebel und den Ingwer schälen. Beides mit der Hälfte des übrigen Knoblauchs in einerm fest verschließbaren Behälter aufbewahren.

13 In einer Frischhaltebox 4 EL Sojasoße mit 4 EL Honig verrühren.

14 Die Brühe mit den Sellerie- und Pastinakenwürfel mit dem Rest Sahne und 1 TL Currypulver pürieren.

15 Die Petersilie waschen, trocken schütteln und zwischen 2 Lagen Küchenpapier in eine große Frischhaltebox legen.

16 Die Haselnusskerne im heißen Ofen 5 Minuten rösten. Dann abkühlen lassen, grob hacken und in einem Schraubglas aufbewahren.

Fertig! Alles abkühlen lassen – und dann:

In den Kühlschrank stellen:

* Die gekochte Quinoa (3–4 Tage haltbar)
* Die Cremesuppe im Topf (3 Tage haltbar)
* Den Auflauf (3 Tage haltbar)
* Das Kartoffelgratin (3 Tage haltbar)
* Die Entenbrüste (2 Tage haltbar)
* Die Filets, die Schale und der Saft der Bio-Orangen
* Die Filets und der Saft der Blutorangen
* Den Hokkaido-Kürbis
* Die Möhrenjulienne mit dem Brokkoli (1 Woche haltbar)
* Die gehackte Zwiebel mit Knoblauch und Ingwer (1 Woche haltbar)
* Die fein gehackte Schalotte mit Knoblauch (1 Woche haltbar)
* Die Mischung aus Sojasoße und Honig (1 Woche haltbar)
* Die Petersilie (1 Woche haltbar)

Bei Zimmertemperatur aufbewahren:

* Die Haselnusskerne

Bei diesem Wochenmenü wird nichts eingefroren!

Ergebnis

Wochenmenü #3

Wochenmenü #3

Montag

Vorspeise
Cremesuppe aus Sellerie und Pastinake mit Jakobsmuscheln

Hauptgericht
Brokkoliauflauf mit Ziegenkäse

Zeit zum Erwärmen:
15 Minuten
Zeit zum Kochen:
1 Minute
Zeit zum Fertigstellen und Anrichten:
1 Minute

Zutaten: die Cremesuppe, ¼ Packung Jakobsmuscheln, 4 Stängel Petersilie, Currypulver, Olivenöl; der Brokkoliauflauf

Die Suppe bei niedriger Hitze erwärmen. In einer kleinen Pfanne 1 EL Olivenöl erhitzen, darin die Jakobsmuscheln bei hoher Hitze auf jeder Seite 30 Sekunden anbraten. Leicht salzen, mit 1 Msp. Currypulver bestäuben und auf den Tellern mit der heißen Suppe verteilen. Die Petersilie fein hacken und darüberstreuen. Den Backofen auf 160 °C Ober-/Unterhitze vorheizen. Den Auflauf im heißen Ofen erwärmen.

Dienstag

Entenbrust mit Orangen und Kartoffelgratin

Zeit zum Erwärmen:
10 Minuten
Zeit zum Kochen:
10 Minuten
Zeit zum Fertigstellen und Anrichten:
5 Minuten

Zutaten: die 4 Entenbrüste, der Behälter mit Orangenfilets, Schale und Saft der Bio-Orangen, die Hälfte der Mischung aus Sojasoße und Honig, den Piment; das Kartoffelgratin

Den Backofen auf 160 °C Ober-/Unterhitze vorheizen.
Das Kartoffelgratin darin erwärmen. Die Haut der Entenbrüste mit einem Messer rautenförmig einschneiden. Eine große Pfanne ohne Fett erhitzen, darin die Brustfilets mit der Hautseite nach unten bei hoher Hitze 7 Minuten anbraten. Das Fett abgießen. Das Fleisch wenden und bei mittlerer Hitze weitere 3 Minuten braten.
½ TL Gewürz in dazugeben, mit Orangensaft ablöschen und das Soja-Honig-Gemisch hinzufügen. Alles 30 Sekunden kochen lassen, die Pfanne vom Herd nehmen. 1 Entenbrust für den Donnerstag reservieren. Die anderen 3 in dünne Scheiben schneiden, auf eine Platte legen und mit Orangenschale bestreuen. Mit der heißen Soße übergießen und mit den Orangenfilets garnieren.

Mittwoch

Zeit zum Erwärmen:
10 Minuten
Zeit zum Fertigstellen und Anrichten:
3 Minuten

Vorspeise
Kichererbsensalat mit Orangen

Hauptgericht
Quinoa mit geröstetem Kürbis, Ziegenkäse und Haselnusskernen

Zutaten: die Kichererbsen, Filets und Saft der Blutorangen, Kreuzkümmel, 10 Stängel Petersilie, Salz, Pfeffer; die gekochte Quinoa, die gegarten Kürbiswürfel, der Rest Ziegenkäse, die gerösteten Haselnusskerne

Die Kichererbsen abspülen und in eine Schüssel geben. Mit dem Saft und den Filets der Orangen, ½ TL Kreuzkümmel, der fein geschnittenen Petersilie, Olivenöl, Salz und Pfeffer vermischen. Den Backofen auf 180 °C Ober-/Unterhitze vorheizen. Die Kürbiswürfel in einer Gratinform im heißen Ofen erwärmen. Quinoa in der Mikrowelle erhitzen und mit dem Kürbis mischen. Den Ziegenkäse würfeln und mit den Haselnusskernen darüberstreuen.

Donnerstag

Wokgemüse mit Ente und Nudeln

Zeit zum Kochen:
10 Minuten
Zeit zum Fertigstellen und Anrichten:
5 Minuten

Zutaten: die chinesischen Nudeln, die Möhrenjulienne, die Brokkoliröschen, die Sojasprossen, der Behälter mit der Mischung aus Zwiebel, Knoblauch und Ingwer, der Rest Soja-Honig-Mischung, die übrige Entenbrust, Olivenöl

Die Nudeln in einem Topf mit 2 l kochendem Wasser 4 Minuten ziehen lassen. 3 EL Olivenöl in einem Wok oder Schmortopf erhitzen, darin Zwiebel, Knoblauch, Ingwer, Möhren und Brokkoli bei hoher Hitze 4 Minuten braten. Die Entenbrust in feine Scheiben schneiden, das Fett entfernen. Mit den Sojasprossen in den Wok geben; alles mischen und weitere 2 Minuten garen. Die abgetropften Nudeln und die Soja-Honig-Mischung dazugeben. Fertig!

Freitag

Zeit zum Kochen:
15 Minuten
Zeit zum Fertigstellen und Anrichten:
5 Minuten

Spaghetti mit Jakobsmuscheln

Zutaten: 250 g Spaghetti, die übrigen TK-Jakobsmuscheln, der Rest Petersilie, der kleine Becher Crème fraîche, das Glas Weißwein, die Mischung aus Schalotte und Knoblauch, Olivenöl, Salz, Pfeffer

Die Spaghetti nach Packungsangabe garen. 1 EL Olivenöl in einem Schmortopf erhitzen, darin die Schalotten- und Knoblauchwürfel und ½ TL Salz bei niedriger Hitze 3 Minuten dünsten. Die Muscheln dazugeben und bei hoher Hitze auf jeder Seite 1 Minute anbraten, dann herausnehmen. Den Topfinhalt mit Weißwein ablöschen, die Crème fraîche unterrühren und mit fein geschnittener Petersilie bestreuen. Die abgetropften Spaghetti und die Muscheln untermischen und servieren.

Wochenmenü

#4

Warenkorb

Wochenmenü #4

Einkaufsliste

Wochenmenü #4

Obst und Gemüse

- 10 Möhren
- 2 weiße Rübchen
- 1 Kohlrabi
- 1,5 kg Kartoffeln, Sorte Roseval oder Bamberger Hörnchen
- 1 vorgegarte Rote Bete (vakuumverpackt)
- 1 Eichblattsalat
- Bund glatte Petersilie
- 6 Zwiebeln
- 3 Knoblauchzehen

Basiszutaten

- 3 Lorbeerblätter
- Maisstärke
- Senf
- Weinessig
- Olivenöl
- Sonnenblumenöl
- Salz, Pfeffer

Fleisch und Fisch

- 600 g frisches Merlanfilet (ersatzweise Schellfisch oder Kabeljau)
- 800 g Schweineschulter, evtl. leicht gepökelt
- 1 geräuchertes Mettwürstchen
- 4 Scheiben gekochter Schinken
- 150 g gewürfelter Räucherspeck
- 4 Rinder-Filetsteaks

Milchprodukte

- 2 x 400 g Sahne
- 1 Beutel geriebener Comté (französischer Schnittkäse, ersatzweise Emmentaler)
- ½ Reblochon (runder, halbfester französischer Käse aus dem Fachhandel)
- 150 g Roquefort

Sonstige Lebensmittel

- 6 Eier
- 400 g grüne Linsen
- 250 g Reis
- 8 Scheiben Toastbrot
- 1 Salzzitrone (aus dem arabischen Lebensmittelhandel)
- 1 Glas Weißwein
- 4 Cornichons
- 1 EL Kapern
- 4 Brioches (Hefegebäck) zum Füllen

Menüs

Montag

Schweineschulter mit Linsen

Dienstag

Käse-Kartoffel-Auflauf mit Rohkostsalat

Mittwoch

Vorspeise
Gefüllte Brioches

Hauptgericht
Fischklößchen mit Wintergemüse

Donnerstag

Vorspeise
Lauwarmer Linsensalat mit Remoulade

Hauptgericht
Filetsteak mit Roquefortsoße

Freitag

Schinken-Käse-Toast mit Salat

Zubereitung

Wochenmenü #4

Vorbereitungen

1) Alle erforderlichen Zutaten zurechtlegen: ausgenommen Rote Bete, Schinken, Filetsteaks, 1 Becher Sahne, geriebener Käse, Reis, Toastbrot, Kapern und Cornichons. So haben Sie alles griffbereit und verlieren keine Zeit bei der Suche der Zutaten im Kühl- oder Vorratsschrank.

2) Alle benötigten Utensilien aus dem Schrank holen:

- 1 große Schüssel
- 1 Bräter
- 1 Schaumlöffel
- 1 großer Kochtopf
- 1 sehr großer Kochtopf
- 1 kleiner Kochtopf
- 1 Pfanne
- 1 Gratinform
- 1 Schmortopf
- 1 Mixer
- 1 Salatschleuder
- 7 Frischhalteboxen: 3 große, 2 mittelgroße, 2 kleine
- Küchenpapier, Pergamentpapier, verschließbarer Plastikbeutel

Und jetzt wird 2 Stunden 5 Minuten gekocht!

1 Die Schweineschulter waschen; wenn sie gepökelt ist, 5 Minuten in eine große Schüssel mit kaltem Wasser legen.

2 Alle Zwiebeln schälen. 1 Zwiebel ganz lassen, die übrigen 5 fein hacken und zur Seite stellen.

3 Das Fleisch in einen Bräter legen und mit kaltem Wasser bedecken. Die ganze Zwiebel und 2 Lorbeerblätter dazugeben, bei ungepökeltem Fleisch noch etwas Salz. Alles aufkochen, den Schaum abschöpfen und das Fleisch bei niedriger Hitze 1 Stunde 30 Minuten köcheln lassen.

4 Währenddessen eine Pfanne heiß werden lassen, darin die Speckwürfel und 3 EL gehackte Zwiebeln bei mittlerer Hitze 10 Minuten braten.

5 Den Backofen auf 180 °C Ober-/Unterhitze vorheizen. 3 Knoblauchzehen schälen, fein hacken und beiseitestellen.

6 Die Kartoffeln schälen, waschen, abtrocknen und in feine Scheiben schneiden. Die Hälfte in die Gratinform legen, ½ TL gehackten Knoblauch und die Speck-Zwiebel-Mischung daraufgeben. Mit dem Rest Kartoffelscheiben bedecken, drei Viertel des Weißweins und 300 g Sahne darübergießen, leicht salzen und kräftig pfeffern. Den Reblochon quer halbieren und mit der Rinde nach oben in die Mitte des Auflaufs legen. Im heißen Ofen 50 Minuten backen.

7 In einem Schmortopf 2 EL Olivenöl erhitzen, darin den Rest Zwiebeln, die Hälfte des Knoblauchs und 1 TL Salz 10 Minuten andünsten.

8 Die Möhren schälen. 8 Möhren in Scheiben und 2 in Stifte schneiden.

9 Den Rest Wein in den Schmortopf gießen und verdampfen lassen. Die Möhrenscheiben und 2 Gläser Wasser dazugeben.

10 Die Rübchen und Kohlrabi schälen. Beides in Würfel schneiden, dabei ½ Kohlrabi in Stifte. Die Gemüsewürfel nebeneinander und getrennt von den Möhren in den Schmortopf geben und 20 Minuten garen, ohne alles zu mischen. Die Möhren- und Kohlrabistifte in eine Frischhaltebox legen.

11 Die geräucherte Mettwurst zu der Schweineschulter in den Bräter geben.

12 In einem großen Topf Wasser (ohne Salz) aufkochen. Die Linsen waschen und mit 1 Lorbeerblatt 20 Minuten kochen.

Zubereitung

Wochenmenü #4

13 Von jeder Brioche einen Deckel abschneiden und das Gebäck vorsichtig aushöhlen. Die Brioches in einem verschließbaren Plastikbeutel in den Kühlschrank legen.

14 Die Petersilie waschen und trocken schleudern. Ebenso mit dem Salat verfahren. Beides zwischen Lagen von Küchenpapier in je eine große Frischhaltebox legen.

15 Die Fischklößchen zubereiten: Den Fisch entgräten und mit dem Inneren der Brioches, ½ Salzzitrone, ½ TL Knoblauch, 2 Stängeln Petersilie, Salz und Pfeffer im Mixer zu einer Masse verarbeiten. Daraus mit nassen Händen Klößchen formen.

16 Aus dem Topf mit dem Gemüse die Rübchen- und Kohlrabiwürfel und einige Möhrenscheiben nehmen und mit 1 Schöpfkelle Kochbrühe und der Hälfte der verbliebenen Salzzitrone in einen großen Topf geben. Die Fischklößchen darin zugedeckt 10 Minuten garen.

17 Die Linsen abgießen und die Hälfte in den Schmortopf mit den Möhren geben. Die Schweineschulter und das geräucherte Würstchen in Stücke schneiden und mit 1 Schöpfkelle Kochbrühe dazugeben. Alles weitere 10 Minuten kochen lassen. Den Rest gekochte Linsen in eine mittelgroße Frischhaltebox geben.

18 Die Roquefortsoße zubereiten: Den Roquefort würfeln und in einem kleinen Topf bei niedriger Hitze schmelzen lassen. 100 g Sahne und den übrigen Knoblauch hinzufügen, einmal aufkochen und die Hitze reduzieren. 1 EL Maisstärke hinzufügen, leicht salzen und kräftig pfeffern. Die Soße in eine Gefrierbox füllen. Den Topf auswaschen.

19 In dem kleinen Topf 2 Eier in 10 Minuten hartkochen.

20 Eine große Portion Vinaigrette zubereiten: 2 EL Senf mit 3 EL Essig, 1 TL Salz und etwas Pfeffer verrühren. Nach und nach 6 EL Olivenöl unterrühren.

Fertig! Alles abkühlen lassen – und dann:

In den Kühlschrank stellen:
* Die Schweineschulter mit den Linsen im Bräter (2 Tage haltbar)
* Den Kartoffelauflauf (3 Tage haltbar)
* Die ausgehöhlten Brioches (4 Tage haltbar)
* Die gekochten Linsen (5 Tage haltbar)
* Die hartgekochten Eier (5 Tage haltbar)
* Den gewaschenen Salat (1 Woche haltbar)
* Die Gemüsestifte (1 Woche haltbar)
* Die gewaschene Petersilie (1 Woche haltbar)
* Die Vinaigrette (1 Woche haltbar)

In den Gefrierschrank stellen:
* Die Rindersteaks, wenn sie weniger als 5 Tage haltbar sind
* Die Roquefortsoße
* Die Fischklößchen auf Wintergemüse

Ergebnis

Wochenmenü #4

Wochenmenü #4

Montag

Schweineschulter mit Linsen

Zeit zum Erwärmen:
15 Minuten

Zutaten: die Schweineschulter mit Linsen, 4 Stängel Petersilie
Das Fleisch mit den Linsen bei niedriger Hitze erwärmen. Die Petersilie fein schneiden und darüberstreuen.

Dienstag

Käse-Kartoffel-Auflauf mit Rohkostsalat

Zeit zum Erwärmen:
10 Minuten
Zeit zum Fertigstellen und Anrichten:
2 Minuten

Zutaten: der Auflauf, die Hälfte der Salatblätter, die rohen Gemüsestifte, die Hälfte der Vinaigrette
Den Backofen auf 180 °C Ober-/Unterhitze vorheizen. Den Auflauf im heißen Ofen erwärmen. Eine große Schüssel mit Salatblättern auslegen, die Gemüsestifte darauf verteilen und alles mit der Vinaigrette beträufeln.
Für Mittwoch die Fischklößchen mit Wintergemüse aus dem Gefrierschrank nehmen und zum Auftauen in den Kühlschrank stellen.

Mittwoch

Vorspeise
Gefüllte Brioches

Hauptgericht
Fischklößchen mit Wintergemüse

Zeit zum Erwärmen:
15 Minuten
Zeit zum Kochen:
10 Minuten
Zeit zum Fertigstellen und Anrichten:
10 Minuten

Zutaten: die ausgehöhlten Brioches, 4 Eier, 100 g Sahne, ein Drittel des geriebenen Comtés, 4 Stängel Petersilie, 4 Salatblätter, Vinaigrette, Salz, Pfeffer; 250 g Reis, die Fischklößchen mit Gemüse, 100 g Sahne
Den Backofen auf 200 °C Ober-/Unterhitze vorheizen. Eier einzeln aufschlagen und in eine Brioche geleiten lassen. Je 1 TL Sahne daraufgeben, mit geriebenem Käse bedecken, mit fein geschnittener Petersilie bestreuen. Die Deckel daraufsetzen und die Brioches auf einem Blech im heißen Ofen 10 Minuten backen. Mit Salatblättern und Vinaigrette servieren (etwas für Freitag zurücklassen).
Den Reis nach Packungsangabe garen. Die Fischklößchen erwärmen, 100 g Sahne dazugeben und 5 Minuten köcheln lassen. Mit dem Reis servieren.
Für Donnerstag die Roquefortsoße und evtl. die Filetsteaks aus dem Gefrierschrank nehmen und zum Auftauen in den Kühlschrank stellen.

Donnerstag

Vorspeise
Lauwarmer Linsensalat mit Remoulade

Hauptgericht
Filetsteak mit Roquefortsoße

Zeit zum Erwärmen:
10 Minuten
Zeit zum Kochen:
8 Minuten
Zeit zum Fertigstellen und Anrichten:
10 Minuten

Zutaten: die gekochten Linsen, die hartgekochten Eier, 3 EL Sonnenblumenöl, 2 TL Senf, 1 EL Weinessig, 4 Cornichons, 1 EL Kapern, die Hälfte der restlichen Petersilie; die Steaks, die Roquefortsoße, Salz, Pfeffer

Die Linsen in der Mikrowelle erwärmen. Cornichons und Petersilie fein hacken. Die Eier pellen, halbieren und das Eigelb herauslösen. Die Eiweiße klein würfeln. Die Eigelbe in einer Schale zerdrücken, mit dem Senf, Salz und Pfeffer vermischen. Das Öl nach und nach unterrühren. Danach den Essig, die Kapern (größere fein schneiden), die Cornichons, die Petersilie und die Eiweißwürfel untermischen. Mit den lauwarmen Linsen mischen.

Die Roquefortsoße in einem kleinen Topf bei niedriger Hitze erwärmen. Etwas Öl in einer Pfanne erhitzen, darin die Steaks von jeder Seite 2–4 Minuten (je nach Geschmack) braten, mit Salz und Pfeffer würzen und mit der Soße servieren.

Freitag

Schinken-Käse-Toast mit Salat

Zeit zum Kochen:
10 Minuten
Zeit zum Fertigstellen und Anrichten:
10 Minuten

Zutaten: 8 Scheiben Toastbrot, 4 Scheiben gekochter Schinken, 200 g Sahne, der Rest geriebener Comté, die Reste des Salats, der Vinaigrette und der Petersilie, die gekochte Rote Bete, Salz, Pfeffer

Den Backofen auf 200 °C Ober-/Unterhitze vorheizen. In einer Schüssel die Sahne, die Hälfte des geriebenen Comtés, ½ TL Salz und etwas Pfeffer vermischen. Auf je 1 Scheibe Toastbrot 1 zusammengeklappte Scheibe gekochten Schinken legen, mit geriebenem Käse bestreuen und mit einer zweiten Brotscheibe bedecken. 1 EL von der Sahne-Käse-Mischung darauf verteilen. Auf ein kleines, mit Pergamentpapier ausgelegtes Backblech legen. Mit allen Brotscheiben genauso verfahren. Im heißen Ofen 10 Minuten überbacken.

Die Rote Bete in Scheiben schneiden, auf die Salatblätter legen, mit Vinaigrette beträufeln und mit fein geschnittener Petersilie bestreuen. Fertig!

Frühlingsmenüs

Frühlings-Wochenmenü #1

Montag

Lammkeule mit Knoblauch, geröstetem Frühlingsgemüse und weißen Bohnen

Dienstag

Vorspeise : Spargelcremesuppe
Hauptgericht : Kabeljau mit Kräuterkruste

Mittwoch

Lammhack-Kartoffelpüree-Auflauf

Donnerstag

Vorspeise : Hummus aus weißen Bohnen mit Gemüsestiften
Hauptgericht : Nudeln mit Spargel und Kabeljau

Freitag

Minestrone

Frühlings-Wochenmenü #2

Montag

Pastete mit Lachs und Brunnenkresse

Dienstag

Vorspeise : Radieschenbrote
Hauptgericht : Huhn in Estragonsoße

Mittwoch

Linsen-Dhal

Donnerstag

Vorspeise : Cremesuppe aus Radieschenblättern
Hauptgericht : Caesar Salat

Freitag

Grünes Seeteufelcurry

Frühlings-Wochenmenü #3

Montag

Vorspeise : In Olivenöl und Zitrone marinierter Fenchel
Hauptgericht : Cordon bleu*

Dienstag

Mariniertes Rindersteak mit Püree von jungen Möhren

Mittwoch

Mit Ricotta und Spinat gefüllte Muschelnudeln

Donnerstag

Nizza-Salat

Freitag

Vorspeise : Toast mit warmem Ziegenkäse
Hauptgericht : Pad Thai mit Garnelen

* Für ein Menü ohne Schweinefleisch den Schinken durch geräucherte Putenbrust ersetzen.

Frühlings-Wochenmenü #4

Montag

Geschmortes Kalbskotelett mit Frühlingsgemüse

Dienstag

Vorspeise : Blumenkohl in Kapern-Vinaigrette
Hauptgericht : Herzhafter Käsekuchen

Mittwoch

Vorspeise : Rillettes von geräucherter Makrele
Hauptgericht : Huhn „puttanesca“ mit Reis

Donnerstag

Gewürzbulgur mit Blumenkohl, Brokkoli und Kichererbsen

Freitag

Tagliatelle mit geräucherter Makrele und Gemüse

Sommermenüs

Sommer-Wochenmenü #1

Montag

Vorspeise : Quinoasalat
Hauptgericht : Hühnerkeulen mit Ratatouille

Dienstag

Pizza mit Gemüse und Schinken*

Mittwoch

Nudeln mit Zucchini, Oliven und Hühnerfleisch

Donnerstag

Vorspeise : Teigtaschen mit Ziegenkäse und Ratatouille
Hauptgericht : Gefüllte Tomaten mit Reis

Freitag

Großer Salat aus Nudeln und Sommergemüse

* Für ein Menü ohne Schweinefleisch den Putenschinken wählen.

Sommer-Wochenmenü #2

Montag

Großer Salat aus Kartoffeln, Lachs, Blattsalaten, Zwiebeln und Gurke

Dienstag

Vorspeise : Griechischer Linsensalat
Hauptgericht : Gefüllte Zucchini

Mittwoch

Moussaka

Donnerstag

Fischfrikassee mit Dill und Reis

Freitag

Vorspeise : Suppe aus grünen Erbsen mit Feta und Minze
Hauptgericht : Linsenbratlinge mit Tomatensoße und grünen Bohnen

Sommer-Wochenmenü #3

Montag

Schaschlik vom Huhn, Zartweizen mit gebratenem Gemüse

Dienstag

Couscous mit Merguez

Mittwoch

Vorspeise : Auberginenkaviar
Hauptgericht : Spanisches Kartoffelomelett aus dem Ofen

Donnerstag

Sommerliche Bruschetta

Freitag

Vorspeise : Mit Olivenöl und Knoblauch marinierte Paprika
Hauptgericht : Spaghetti auf tunesische Art

Sommer-Wochenmenü #4

Montag

Vorspeise : Zucchini-Gazpacho
Hauptgericht : Thunfisch-Tomaten-Quiche

Dienstag

Gebratener Reis mit Garnelen und Ananas

Mittwoch

Vorspeise : Zaziki
Hauptgericht : Zucchinikuchen mit Schinken*

Donnerstag

Kichererbsenburger

Freitag

Salat aus Farfalle und Räucherlachs

* Für ein Menü ohne Schweinefleisch den Schinken durch geräucherte Putenbrust ersetzen.

Herbstmenüs

Herbst-Wochenmenü #1

Montag

Geschmorte Ochsenbacken mit Nudeln

Dienstag

Vorspeise : Hummus mit Gemüsestiften und Fladenbrot
Hauptgericht : Kürbis-Maronen-Suppe mit Speck oder Räuchertofu

Mittwoch

Vorspeise : Salat aus Feldsalat, grünem Apfel und Cashewkernen
Hauptgericht : Fleisch-Kartoffelpüree-Auflauf

Donnerstag

Gebratener Reis mit Kürbis, Spinat und Cashewkernen

Freitag

Vietnamesische Phô-Suppe

Herbst-Wochenmenü #2

Montag

Vorspeise : Blumenkohlcremesuppe mit gebratenen Garnelen
Hauptgericht : Polenta-Pizza mit Champignons

Dienstag

Süßkartoffelcurry mit Huhn***

Mittwoch

Gratin aus Blumenkohl und Kartoffeln mit Schinken*

Donnerstag

Vorspeise : Salat aus Chinakohl, gekochten Eiern und Tomaten mit Sahnedressing
Hauptgericht : Linguine** mit Knoblauch-Cremesoße, Rucola, Walnusskernen und Parmesanspänen

Freitag

Auflauf aus Kabeljau und Süßkartoffelpüree**

* Für ein Menü ohne Schweinefleisch den Schinken durch geräucherte Putenbrust ersetzen.
** Für ein glutenfreies Menü Nudeln ohne Gluten wählen.
*** Wer nicht gern Süßkartoffeln isst, kann sie zur Hälfte ersetzen durch: Möhren (im Curry) oder Kartoffeln (im Auflauf mit Fisch). An der Zubereitung ändert sich nichts.

Herbst-Wochenmenü #3

Montag

Vorspeise : Chicoréeschiffchen mit Thunfisch-Rillettes
Hauptgericht : „Tarte Tatin" von weißen Rübchen mit Honig und Ziegenkäse

Dienstag

Lammtajine (marokkanisches Schmorgericht) mit Quitten

Mittwoch

Vorspeise : Spinatcremesuppe mit Frischkäse
Hauptgericht : Gratin aus Kartoffeln, Lauch, Zwiebeln und Speck*

Donnerstag

Lammköfte mit orientalischer Gemüsepfanne

Freitag

Lasagne mit Lachs und Spinat

* Für ein Menü ohne Schweinefleisch den Speck durch Räuchertofu ersetzen.

Herbst-Wochenmenü #4

Montag

Vorspeise : Blätterteigpastetchen mit Tomaten, Parmesan und Kürbiskernen
Hauptgericht : Vegetarisches Chili

Dienstag

Couscous mit Huhn und Kürbis

Mittwoch

Makkaronigratin mit Brokkoli und Schinken*

Donnerstag

Crumble mit Huhn und Gemüse

Freitag

Vorspeise : Kürbiscremesuppe mit Curry
Hauptgericht : Seelachs mit Schalottensoße und Dampfkartoffeln

* Für ein Menü ohne Schweinefleisch den Schinken durch geräucherte Putenbrust ersetzen.

Wintermenüs

Winter-Wochenmenü #1

Montag

Vorspeise : Lauch in Vinaigrette mit gefüllten Eiern
Hauptgericht : Rindsbouillon mit Nudeln

Dienstag

Siedfleisch mit Gemüse und Cornichons

Mittwoch

Vorspeise : Bricktaschen mit Rindfleisch und Gemüse
Hauptgericht : Räucherfischpüree

Donnerstag

Gemüsecremesuppe, Toast mit Rindermark

Freitag

Räucherfischsuppe mit Kokosmilch

Winter-Wochenmenü #2

Montag

Quiche Lorraine*

Dienstag

Vorspeise : Cremesuppe aus Kartoffeln und Lauch
Hauptgericht : Karamellisierte Hühnerflügel

Mittwoch

Vorspeise : Salat aus Rotkohl, Weintrauben und Apfel
Hauptgericht : Kalbsragout mit Chorizo*

Donnerstag

Linsen, Champignons und Möhren in Sahnesoße

Freitag

Sahniges Kalbsfrikassee mit Reis

* Für ein Menü ohne Schweinefleisch den Speck durch Putenbrust ersetzen und statt Chorizo 1 Messerspitze Chilipulver nehmen.

Winter-Wochenmenü #3

Montag

Vorspeise : Cremesuppe aus Sellerie und Pastinake mit Jakobsmuscheln
Hauptgericht : Brokkoliauflauf mit Ziegenkäse

Dienstag

Entenbrust mit Orangen und Kartoffelgratin

Mittwoch

Vorspeise : Kichererbsensalat mit Orangen
Hauptgericht : Quinoa mit geröstetem Kürbis, Ziegenkäse und Haselnusskernen

Donnerstag

Wokgemüse mit Ente und Nudeln

Freitag

Spaghetti mit Jakobsmuscheln

Winter-Wochenmenü #4

Montag

Schweineschulter mit Linsen

Dienstag

Käse-Kartoffel-Auflauf mit Rohkostsalat

Mittwoch

Vorspeise : Gefüllte Brioches
Hauptgericht : Fischklößchen mit Wintergemüse

Donnerstag

Vorspeise : Lauwarmer Linsensalat mit Remoulade
Hauptgericht : Filetsteak mit Roquefortsoße

Freitag

Schinken-Käse-Toast mit Salat

Danksagung

Ich danke Marin Postel und Céline Le Lamer vom Verlagshaus Hachette für ihre freundliche, kluge und vertrauensvolle Begleitung meiner Arbeit.

Ich danke meinem Fotografen Charly Deslandes für seine perfekten Fotos und seine gute Laune.

Ich danke auch den Firmen Le Creuset und Greenpan für ihre hervorragenden Kochgeschirre, die ich gern weiterempfehle.

Ich danke den Lebensmittelhändlern meines Stadtviertels für ihre frischen Produkte.

Ich danke auch meiner Familie für ihre Unterstützung: Mama, Benoit, Alexandre, Fred und Elliot.

Und ein herzliches Dankeschön gilt meinen Testessern Caroline, Sakho, JB, Delphine, Florence und Audrey.

Caroline Pessin

Impressum

Bibliografische Information der Deutschen Bibliothek.

Die Deutsche Bibliothek verzeichnet diese Publikation in der deutschen Nationalbibliografie.

Detaillierte bibliografische Daten sind im Internet über http://www.dnb.de/ abrufbar.

EIN BUCH DER EDITION MICHAEL FISCHER

1. Auflage 2019

Erstveröffentlicht in 2018 bei Hachette Livre (Hachette Pratique).

58, rue Jean Bleuzen-92178 Vanves Cedex

TITEL DER ORIGINALAUSGABE: En 2h je cuisine pour toute la semaine

Aus dem Französischen übertragen von Dr. Marion Papenbrok-Schramm, Wiesloch

Fotos: Charly Deslandes
Covergestaltung: Anna-Maria Köperl
Layout: Nicolas Beaujouan
Produktmanagement: Alexandra Baier, Marcelina Schulte
Lektorat: Maryna Zimdars, Unterföhring
Satz: Lisa Heine

ISBN 978-3-96093-337-3

Gedruckt bei Estella Gráficas, Ctra Estella a Tafalla, km 2, 31200 Estella, Spanien

www.emf-verlag.de